Rebecca Reed

Pip rettet den Wald

Rebecca Reed

Pip rettet den Wald

Band 1

Übersetzt aus dem Englischen von Katharina Orgaß

Mit Illustrationen von Nina Dulleck

Ravensburger

1 3 5 4 2

Deutsche Erstausgabe
© 2021 Ravensburger Verlag GmbH
Originaltitel: *The Realms of Telltree Forest, Book 1*
© Working Partners Ltd.

Cover- und Innenillustrationen: Nina Dulleck

Alle Rechte dieser Ausgabe vorbehalten durch
Ravensburger Verlag GmbH,
Postfach 2460, D-88194 Ravensburg

Printed in Germany
ISBN 978-3-473-40854-2
www.ravensburger.de

Für Sue und Abi

Mit besonderem Dank an Tabitha Jones

Inhalt

Die Sommersonne scheint hell und heiß auf
meine Blätter und doch friert es mich im
Innersten meines Stammes. Die Gewissheit,
dass das Ende näher rückt, lastet auf meinen
uralten knarrenden Ästen.
Die Vorzeichen sind mir im Lauf der letzten
Jahreszeiten nicht entgangen. Ich habe sie in
meinen eigenen Wurzeln gespürt und in den
Wurzeln aller anderen Bäume in meinem
Hoheitsgebiet. Ich habe ihren Widerhall im
Gesang der Vögel und im Summen der Bienen
vernommen, im Raunen der Blätter von
Esche und Buche.
Denn am äußersten Rand meines Waldes
herrscht grausamer Durst. Sommergrüne Blätter
welken und sterben, fallen viel zu früh auf
ausgedörrten Boden. Bleiche Wurzeln suchen
verzweifelt nach Wasser, finden aber nur Steine
und staubtrockene Erde. Der Tod schleicht sich
in meinen Wald ...

1. Kapitel
Die weise Eiche

Ein kühler Wind zerzauste Pips Fell, als er von
Baum zu Baum sprang. Dünne Äste bogen sich
unter dem Gewicht des jungen Eichhörnchens,
schnellten wieder zurück und schleuderten ihn
durch die Luft, sodass sein Magen Purzelbäume
schlug.

Er hielt mit dem langen Schwanz das
Gleichgewicht und streckte die Pfoten vor, um
den nächsten Ast zu packen. So durchquerte
er den Wald.

Bald hatte er die vertrauten Buchen seines Heimatreviers hinter sich gelassen. Erst wichen die Tannen und Kiefern schlanken Birken, dann hohen alten Eiben und Kastanien.

Während Pip von einem Baum zum nächsten wechselte, sog er immer wieder prüfend die Luft ein und spitzte die Ohren. Waren die Jäger des Himmelsvolks mit ihren spitzen Schnäbeln und scharfen Krallen in der Nähe? Jedes Rascheln im Farnkraut ließ seine Barthaare kribbeln, denn es flüsterte ihm zu, dass kleine Geschöpfe durchs Unterholz huschten. Und auch wenn die Füchse und Dachse des Dunklen Volks noch in ihren Höhlen schliefen, nahm er ihre moschus-getränkten Spuren so deutlich wahr, als könnte er sie sehen.

Als plötzlich ein Wirbelwind aus schwarzen Federn vor ihm landete, hielt er schlitternd an. Es war eine Amsel.

„Was hast du hier zu suchen?", krächzte sie. „Bleib gefälligst in deinem eigenen Revier!"

„Ich will deinen Kindern nichts tun", versicherte
ihr Pip rasch. „Ich bin bloß auf der Durchreise."
Die Amsel plusterte sich auf, was Pip so deutete,
dass sie gleich angreifen würde. Mit einem
großen Satz sprang er über den Vogel hinweg auf
einen schwankenden Ast höher oben.
Während er davonflitzte, zuckte sein Schwanz
ärgerlich – dabei hatte die Amsel im Grunde
recht. Eigentlich waren die oberen Äste dem
Himmelsvolk der Vögel vorbehalten. Die
Eichhörnchen, das Baumvolk, sollten sich auf die
unteren Äste und die Stämme beschränken.
Ins Revier eines anderen Volkes einzudringen,
führte fast immer zu Auseinandersetzungen.
Doch für Pip, der weiter springen konnte als
alle anderen Eichhörnchen – seinen Vater
natürlich ausgenommen –, war der Weg durch
die Baumwipfel nun mal der kürzeste.
„Verschwindet!", zeterte jemand unter ihm.
„Die gehören uns!"
Als Pip durch die Blätter spähte, entdeckte er

das braunrosa Gefieder einer Gruppe Eichelhäher. Die Vögel saßen auf einem Brombeerstrauch, der voller dicker, reifer Früchte hing. Darüber hockten mehrere Eichhörnchen auf einem Ast und schlugen empört mit den Schwänzen.

„Wir haben die Beeren zuerst gesehen!", kreischte ein großer Häher und attackierte die Eichhörnchen mit seinen blau gestreiften Flügeln. Die keckerten zwar erbost, wichen aber zurück.

Pip sträubte sich das Nackenfell. Das einzige Essbare, was er selbst heute Morgen hatte auftreiben können, waren ein paar vertrocknete Löwenzahnpflanzen mit haarigen Wurzeln gewesen.

Doch er setzte seinen Weg fort. In dieser Gegend standen die alten Bäume so dicht, dass dazwischen grünliches Zwielicht herrschte. Pip verlangsamte sein Tempo, schlüpfte geschmeidig von Ast zu Ast.

Dann streckte er die Nasenspitze durch eine Lücke im dichten Laubdach. Streifen hellen

Sonnenlichts fielen auf eine große grasbewachsene Lichtung. In der Mitte stand Pips
Ziel: eine riesige uralte Eiche. Ihre Äste waren
krumm und knorrig, manche streiften fast
den Boden. Tiefe Furchen zogen sich durch
die Rinde des mächtigen Stammes.
Pip huschte an einer Birke hinab und landete
weich im Gras. Unter seinen Pfoten schlängelten
sich die wulstigen Wurzeln der Eiche quer über
die Lichtung und verschwanden im Dickicht.
Doch er war nicht allein hier. Neben der Eiche
stand ein Reh vom Erdvolk und spähte in die
Krone empor. Auf einem Erdhügel hockte ein
Maulwurf und schaute blinzelnd ebenfalls nach
oben, und ein paar Pfotenlängen von Pip entfernt
saß eine Waldmaus und hob hoffnungsvoll das
Schnäuzchen der Baumkrone entgegen. Eigentlich
waren die Tiere der vier Waldvölker verfeindet,
doch auf der Lichtung der weisen Eiche herrschte
zwischen ihnen vorübergehend Friede.
Als Pip vor dem Stamm haltmachte, hüllte

ihn der würzige Duft des alten Holzes ein und versetzte ihn an jenen Tag zurück, als er das erste Mal hier gewesen war. Er war noch klein gewesen und sein Vater hatte neben ihm gesessen.

Blitzpfote war muskulös, hatte einen buschigen Schwanz und die gleiche Fellfärbung – schwarz mit weißer Brust – wie Pip. Damals war die Lichtung mit blauen Glockenblumen übersät gewesen und an den Zweigen der Eiche hatten sich frische grüne Knospen geöffnet.

„Aber wie kann ein einziger Baum über den ganzen Wald wachen?", hatte Pip gefragt. Blitzpfote hatte ihn mit ernsten schwarzen Augen angeblickt. „Schau noch einmal genau hin", hatte er geantwortet. „Siehst du, dass kein anderer Baum in der Nähe der Eiche wächst? Entdeckst du in ihrer Krone Vögel oder klettern andere Tiere über ihren Stamm?"

Pip hatte den Baum und seine ausladende Krone mit zusammengekniffenen Augen gemustert. „Stimmt! Nicht mal Insekten."

Als sein Vater anerkennend genickt hatte, war ihm vor Stolz ganz warm geworden.

„Richtig. Keiner Pflanze und keinem Tier ist es gestattet, die weise Eiche zu berühren. Sie ist etwas Besonderes – das Herz des Waldes und unsere Hüterin", hatte ihm sein Vater erklärt. „Die alten Geschichten behaupten, dass sie mithilfe ihrer Wurzeln mit den anderen Bäumen spricht, aber auf jeden Fall sprechen ihre Blätter mit uns Tieren. Jedes abgefallene Blatt birgt eine Botschaft. Es teilt uns mit, wo wir Nahrung suchen und unsere Kobel bauen sollen. Ohne die klugen Ratschläge der Hüterin würde sich der Wald wieder in den finsteren Ort voller Kummer und Leid zurückverwandeln, der er einst war. Die Legenden schildern, wie es damals vor vielen, vielen Jahreszeiten – lange bevor die ältesten Bäume des heutigen Waldes Schösslinge waren – hier zuging. Geschöpf kämpfte gegen Geschöpf, und das ohne triftigen Grund. Die Bäume waren schwächlich und krank, nur wenige erreichten ein ausgewachsenes Alter. Es herrschte Chaos. Doch die weise Eiche befriedete die verschiedenen Völker und stellte Ordnung her. Die Bäume wurden groß und stark, ihre Zweige bogen sich unter Früchten und Nüssen, und auch die Tiere gediehen. Wir verdanken der Eiche unser Leben. Ohne sie müsste der Wald sterben."

Sterben … so wie Pips Mutter.

„Schau mich an, Pip", hatte sein Vater gesagt. „Der weisen Eiche die Treue zu halten, ist das Wichtigste überhaupt. Sogar noch wichtiger als meine Aufgabe in Rostas Leibwache. Vergiss das nie."

Pip seufzte und richtete seine Aufmerksamkeit wieder auf die Gegenwart. Auf der Lichtung war es immer noch friedlich. Die Eiche trug üppiges Laub und Blitzpfote war nicht mehr da.

Pip hockte sich auf die Hinterläufe und sprach die eine Frage aus, die er der Hüterin schon so oft gestellt hatte. „Weise Eiche, bitte sage mir, was meinem Vater zugestoßen ist." Seine Stimme hallte laut über die stille Lichtung.

Während er auf eine Antwort wartete, ließ er den Blick über die breite Baumkrone wandern. Nichts rührte sich.

Dann raschelte es über seinem Kopf und er fuhr mit erwartungsvoll gespitzten Ohren herum. Zwischen den Zweigen bewegte sich etwas – etwas Weißes. Vor Aufregung begann er zu zittern. War das etwa ein Vogel? Ein Vogel in der weisen Eiche?

Doch da war das Weiße auch schon wieder verschwunden und er stieß den angehaltenen Atem aus. Ich muss es mir eingebildet haben, dachte er. Kein Tier darf die Hüterin berühren.

Die Sonne stieg höher. Die gesprenkelten Schatten im Gras wurden erst kürzer und dann wieder länger, als der Tag verstrich. Der frische Duft des Morgens wich dem trockenen Geruch sonnenverbrannter Erde.

Pip wartete geduldig. Sein dunkles Rückenfell wurde heiß, seine Muskeln verkrampften sich vom langen Stillsitzen. Weitere Tiere erschienen auf der Lichtung. Erst ein junges Kaninchen aus dem Dunklen Volk, das sich mit schwarz geränderten Augen ängstlich umsah, dann ein schnaufendes Wildschwein und sogar eine Blindschleiche mit kupferbraun glänzenden Schuppen.

Nach einer Weile verschwanden sie eines nach dem anderen wieder. Manche hatten Glück gehabt und hielten Blätter mit den Antworten der Eiche in den Schnauzen oder Pfoten. Doch die meisten wurden enttäuscht und zogen mit hängenden Köpfen ab.

„Die Hüterin ist auch nicht mehr das, was sie mal war", brummte das Wildschwein mürrisch, als es davontrabte. „Früher wurden *alle* meine Fragen beantwortet, aber die Zeiten sind vorbei. Und geblüht hat sie dieses Jahr auch nicht. Wo soll das noch hinführen?"

Pip knurrte der Magen, aber er wartete weiter, gab die Hoffnung nicht auf, dass ein Blatt herabtrudeln und ihm endlich offenbaren würde, was mit seinem Vater passiert war.

Ein Fuchs konnte ihn nicht erwischt haben. Dazu war Blitzpfote viel zu flink. Und er war in seinem ganzen Leben nicht einen Tag krank gewesen. Die Ungewissheit war qualvoll für Pip.

Als alle anderen Tiere längst weg waren, saß er immer noch unter dem Baum. Schließlich stieß er einen abgrundtiefen Seufzer aus. Ich versuch's bald wieder, Papa, gelobte er. Ich gebe nicht auf.

Die Enttäuschung stach ihn wie Brennnesseln, als er endlich den Rückweg antrat. Es dämmerte schon. Bald würden die Jäger des Dunklen Volks erwachen. Zeit heimzukehren.

Er huschte quer über die Lichtung, kletterte an einem Baum hoch und sprang durch die in Zwielicht getauchten Zweige. Dabei witterte er wieder nach feindlichen Gerüchen und drehte bei jedem Rascheln die Ohren herum.

Seine Anspannung ließ erst nach, als die Baumkronenpfade seines Heimatreviers in Sicht kamen – ein Gehölz aus ausgewachsenen, eng zusammenstehenden Buchen, deren Zweige

sich in dichten grünen Lagen übereinander-
schoben.

In die Astgabeln schmiegten sich die Kobel der
Eichhörnchen. Von außen glichen sie zufälligen
Ansammlungen von Blättern und abgefallenen
Ästchen, innen jedoch waren sie mit weichem
Moos und trockenem Gras ausgepolstert und
sehr gemütlich.

Jedes Eichhörnchen kümmerte sich rund ums
Jahr um seinen Kobel, sorgte dafür, dass er
wasserdicht und vor Räubern geschützt war.

Pips Kobel hatte seine Mutter gebaut. Als sie
gestorben war, war er noch ganz klein gewesen.
Trotzdem stellte er sich gern vor, dass der Kobel
noch ihren Geruch verströmte.

Seine Nase zuckte. Was war das? Sonst roch
es hier immer leicht faulig nach dem Schilf am
nahen See, doch jetzt nahm er noch einen
anderen Geruch wahr, einen beißenden, öligen ...
Ihm stand das Fell zu Berge. Es roch nach Dachsen!
Er folgte dem erdigen Gestank von Ast zu Ast,

bis er im Halbdunkel unter sich aufgebrachte
Stimmen vernahm. Als er durchs Laub spähte,
bekam er einen Schreck.

Rosta, die Anführerin der Eichhörnchen, stand
auf einem alten Baumstumpf. Ihr buschiger
Schwanz peitschte hin und her, und sie hatte sich
so aufgeplustert, dass sie noch rundlicher aussah,
als sie ohnehin schon war. Vor dem Baumstumpf
scharten sich ihre Leibwächter und machten
grimmige Gesichter.

Dann fiel Pips Blick auf eine Stelle, wo jemand
die Erde aufgewühlt und ein Häufchen
Bucheckern ausgegraben hatte. Dort war eins
der letzten Vorratsverstecke seiner Sippe.

Die Dachse wollten uns ausrauben!, durchfuhr
es ihn.

„Diese Bucheckern gehören dem Baumvolk",
sagte Rosta. „Meine Eichhörnchen haben sie
gesammelt und meine Eichhörnchen haben sie
vergraben. Ihr wolltet sie stehlen – schämt euch!
Und jetzt macht, dass ihr wegkommt!"

„Sonst …?", knurrte ein stattlicher Dachs mit einer frischen Narbe auf der Schnauze herausfordernd. „Willst du dich etwa mit dem Dunklen Volk anlegen?" Er hob drohend die breite Vordertatze mit den langen schwarzen Krallen und seine beiden Artgenossen hinter ihm bleckten die spitzen gelben Eckzähne – ein zweites Männchen und ein junges Weibchen mit puscheligen weißen Ohrspitzen.

„Das ist unser rechtmäßiger Futtervorrat!", protestierte Rosta.

„Jetzt nicht mehr!", konterte der Stattliche, krauste die Schnauze, sodass er sein ganzes eindrucksvolles Gebiss entblößte, und stürzte sich auf Rosta.

Sofort sprangen ihre Leibwächter auf den Baumstumpf und umringten sie fauchend und mit gesträubtem Fell, doch Rosta rief laut: „Lasst gut sein, meine Freunde! Für ein paar Bucheckern riskieren wir nicht unser Leben. Lauft!"

Die Eichhörnchen ergriffen die Flucht, Rosta
sauste vorneweg.

Pip reckte den Hals und verfolgte mit dem Blick,
wie sie von dem Baumstumpf erst auf den
nächstbesten Stamm sprangen und dann von Ast
zu Ast flitzten. Unten am Boden rannten die
Dachse knurrend und schnappend hinterher.

„Hört auf eure Anführerin!", rief der Stattliche.
„Lauft weg und kommt nie wieder her!"

Die Leibwächter hatten die oberen Äste erreicht.
Rosta wollte mit einem Satz auf den nächsten
Baum überwechseln, doch kaum saß sie darauf,
machte es *Knack!* und der dünne Zweig brach
mittendurch. Rosta plumpste auf den Boden und
landete zappelnd vor den Dachsen.

Deren Anführer baute sich mit gefletschten
Zähnen und erhobenen Tatzen über ihr auf. Seine
beiden Begleiter drängten sich hinter ihm.

Sie wollen Rosta töten!, schoss es Pip durch
den Kopf. Ich muss ihr helfen!

2. Kapitel
Der Angriff

Pips Gedanken überschlugen sich. Was sollte
er jetzt bloß machen? Sein Vater hätte bestimmt
gewusst, was zu tun war.
Sein Blick fiel auf einen dünnen Ast über Rostas
Kopf. Es war eher ein Zweig als ein Ast – und er
hing direkt über den Dachsen.
Pip schluckte, dann schlüpfte er durch die
Baumkrone und hielt sich ein Stück über Rosta
am Stamm fest.
Inzwischen war die Anführerin der Eichhörnchen

wieder auf die Pfoten gekommen und schob
sich rückwärts von den Dachsen weg. Ihre
Leibwächter hatten kehrtgemacht, waren aber
noch zu weit entfernt.

Pip lief den Baumstamm herunter und sprang
auf den dünnen Ast. Ihm wurde flau im Magen,
als sich der Ast unter seinem Gewicht bog – so
tief, dass er Rosta beinahe streifte.

„Spring!", schrie er.

Einer der drei Dachse richtete sich hoch auf und
schnappte nach Pips Kehle. Pip zuckte zurück.
Rosta duckte sich und sprang. Erst glitten ihre
Vorderpfoten ab, dann fanden sie Halt. Als sich
der Ast noch tiefer durchbog, hieb ein Dachs
mit der Tatze nach Pip, sodass ihm die langen
Krallen durchs Fell fuhren.

Rostas Hinterläufe und ihr Schwanz baumelten
noch in der Luft, und die junge Dächsin mit den
weißen Ohrspitzen schnappte nach ihr. Sie
erwischte Rostas Schwanzspitze, aber Rosta
konnte sich losreißen und zog sich auf den Ast

hoch. Dann sausten Pip und sie, ohne sich noch einmal umzudrehen, hinauf in die Baumkrone, wo die Leibwächter warteten. Zusammen flitzten sie davon.

Erst als sie unter dem Laubdach vor Rostas Kobel angekommen waren, hielten sie an.

Obwohl die Anführerin völlig außer Atem war, nahm sie sogleich ihren üblichen Hochsitz auf einem kräftigen Ast in der Mitte ein. Ihre Leibwächter scharten sich wieder um sie. Pip setzte sich auf einen benachbarten Ast. Sein Herz hämmerte.

Rosta richtete das Wort an ihn. „Das war knapp!", sagte sie. „Danke, dass du so geistesgegenwärtig reagiert hast." Ihre plumpen Flanken hoben und senkten sich immer noch heftig und sie musste kurz Luft holen. „Du scheinst mir ein mutiger junger Bursche zu sein. Wie heißt du?"

„Äh … Pip."

„Er ist der Sohn von Blitzpfote", ergänzte Scharfzahn finster.

Pips Papa hatte ihm geraten, diesem älteren Männchen aus dem Weg zu gehen.

„Das erklärt einiges", gab Rosta zurück und ihre sanften Augen füllten sich mit Mitleid. „So früh beide Eltern zu verlieren, muss sehr schwer sein. Kein Wunder, dass du für dein Alter ungewöhnlich tapfer bist."

„Der Sohn eines Verräters zu sein, ist bestimmt auch schwer", sagte Scharfzahn halblaut.

„Allerdings!", pflichtete ihm Griesel bei, ein anderes älteres Männchen mit buschigem Schwanz. „Sein Vater hat sich einfach seiner Pflicht entzogen und ist abgehauen. So ein Feigling!"

Obwohl es nicht das erste Mal war, dass jemand Pips Vater derart beschimpfte, schmerzte es ihn immer noch wie spitze Stacheln.

„Schluss jetzt!", sagte Rosta ungehalten. „Pip ist nicht für die Vergehen seines Vaters verantwortlich."

„Ja, Schluss jetzt mit Blitzpfote", stimmte ihr

Moss, ein kräftiges junges Männchen, zu. „Viel wichtiger ist doch die Frage, wie wir uns gegenüber den Dachsen verhalten sollen."

„Und wie wir den Winter überstehen können, wenn das Dunkle Volk unsere Futterverstecke plündert", setzte Scharfzahn hinzu. „Wir haben so schon kaum genug Nahrung für dieses Jahr und wenn uns diese gierigen, stinkenden Dachse beklauen …"

„Richtig!", rief Farna. Das ältere graue Weibchen peitschte zur Bekräftigung mit dem Schwanz. „Was kommt noch alles? Stehlen irgendwann auch die Kaninchen und die Mäuse unsere Nüsse? Unsere Kinder werden verhungern!"

Scharfzahn sträubte das graue Fell. „Wir müssen uns rächen!", knurrte er. „Ich bin dafür, dass wir diese elenden Diebe tagsüber, wenn sie schlafen, in ihrem Bau überfallen und ihnen die Kehlen aufschlitzen!"

Doch Rosta schüttelte den Kopf. „Wisst ihr nicht mehr, was Zirp zugestoßen ist?"

Pip schauderte es unwillkürlich, als er an diese grausige Geschichte dachte. Angeblich hatte das junge Eichhörnchen versucht, einen Dachsbau zu plündern. Man hatte nur noch seinen Schwanz gefunden.

„Außerdem sind wir Eichhörnchen keine Rächer", setzte Rosta hinzu. „So etwas ist unter unserer Würde. Denkt nicht mehr an die Dachse. Die Futtersuche geht vor. Wenn wir alle fleißig Nahrung sammeln und unsere Vorräte umsichtig verstecken, wird es uns gut gehen. Die anderen Tiere haben da vielleicht nicht so viel Glück." Sie schaute aufmunternd in die Runde. „Wir lassen uns doch von ein paar Dachsen nicht unterkriegen!"

Die Leibwächter begannen sich zu zerstreuen und auch Pip wandte sich ab.

„Einen Augenblick noch, Pip!", rief Rosta.

Er drehte sich zögernd wieder um.

„Nicht so schüchtern", sagte die Anführerin. „Komm ruhig näher."

Pip wagte sich so dicht an sie heran, dass ihm
ihr warmer Nussgeruch in die Nase stieg. Mit
ihrem rundlichen Körperbau und dem dichten
rotbraunen Pelz sah sie ganz anders aus als seine
Mutter. Trotzdem sehnte er sich auf einmal
danach, wieder klein zu sein und sich in Ampfers
weiches Fell zu kuscheln.

„Doch …", sagte Rosta versonnen, „du erinnerst
mich wirklich sehr an deinen Vater. Und das liegt
nicht nur an deiner dunklen Fellfarbe." Sie
zwinkerte ihm zu. „Demnächst werde ich noch
mehr Leibwächter brauchen. Aber jetzt lauf, es
ist schon spät!"

Als Pip zu seinem Kobel huschte, wirbelten seine
Gedanken durcheinander wie strudelnder
Morgennebel. Hatte Rosta damit gemeint, dass
sie ihn in ihre Leibwache aufnehmen wollte?
Sein Herz machte einen kleinen Hüpfer. Das hatte
er sich schon immer gewünscht!

Der Himmel hatte bereits eine dunkelblaue
Färbung angenommen. Vögel und Fledermäuse

flatterten durch die Dämmerung und schnappten sich Insekten aus der unbewegten Abendluft.

Pip knurrte wieder der Magen. Scharfzahn war nicht ohne Grund wegen der gestohlenen Nahrungsvorräte besorgt. Pip hatte seit dem Morgen nichts zwischen die Zähne bekommen und beim Gedanken an die dicken braunen Bucheckern lief ihm das Wasser im Maul zusammen.

Ich suche mir ein paar Sämlinge, beschloss er. Vielleicht kann ich ja sogar ein, zwei Käferlarven fangen. Alles ist besser als vertrockneter Löwenzahn.

„Huhu, Pip! Hier bin ich!", riss ihn eine wohl bekannte Stimme aus seinen Gedanken. Es war sein bester Freund Mux. Als Pip sich umsah, entdeckte er das schmächtige rotbraune Eichhörnchen auf einem Ast unter sich.

„Wo hast du denn gesteckt?", fragte Mux. „Ich hab dich überall gesucht!"

„Drei Dachse hatten eins unserer Futterlager geplündert", erwiderte Pip. „Ich habe Rosta

geholfen, sich vor ihnen in Sicherheit zu bringen."
Er plusterte sich stolz auf. „Stell dir vor, sie hat
gesagt, dass ich sie an meinen Vater erinnere!
Ich glaube, sie will mich zu ihrem Leibwächter
machen!"

Mux war beeindruckt. „Das ist ja großartig! Dann
werden dich alle bewundern und du kriegst
immer das beste Futter, wetten? Und hast den
wärmsten Kobel." Doch plötzlich schienen ihm
Zweifel zu kommen. „Aber jetzt mal im Ernst,
Pip, du musst Rosta missverstanden haben.
Alle ihre Leibwächter haben mindestens zwei
Blätterwechsel erlebt. Du noch nicht mal einen.
Du bist viel zu jung!"

„Wahrscheinlich hast du recht. Aber was nicht ist,
kann ja noch werden", gab Pip zurück, denn er
wollte sich von seinem Freund nicht die Laune
verderben lassen. „Komm, wir beschaffen uns
etwas zu essen."

Mux' Miene hellte sich auf. „Deswegen habe ich
dich ja gesucht. Auf einem abgestorbenen Baum

auf dem Weg zum See habe ich ein paar Pilze entdeckt. Den blöden Löwenzahn können die anderen haben. Komm mit!"

Sie machten sich sofort auf den Weg zum See, schlüpften durch Farnkraut und liefen über weiches Moos. Doch als sie vor dem abgestorbenen Baum standen, fanden sie nur noch die holzigen grauen Pilzstiele vor. Daneben lagen frische Kaninchenköttel.

„Jemand ist uns zuvorgekommen", sagte Mux tief enttäuscht. „Und ich hatte mich schon so gefreut."

„Ich auch." Normalerweise wäre Pip genauso niedergeschlagen gewesen, aber … Eine Idee keimte in ihm, wie ein junger Pflanzentrieb, der sich über den Waldboden schlängelte. „Der Bau der Menschen!", rief er aus. „Da müssen wir hin. Dort gibt es haufenweise Futter!"

Mux brach in Gelächter aus. „Haha, guter Witz."

Als er jedoch sah, dass Pip es ernst meinte, lachte er nicht mehr und schüttelte energisch den Kopf. „Kommt nicht infrage. Das ist viel zu gefährlich!"

„Ich war schon mal dort", beharrte Pip. „Allerdings nur, um mich umzuschauen. Klar ist es riskant ..." Er schlug mit dem Schwanz. „Aber einen Versuch ist es wert."

„Und wenn sie uns schnappen?", gab Mux zu bedenken. „Ich habe gehört, dass sie ihrer Beute erst das Fell über die Ohren ziehen, sie dann in Stücke reißen und zum Schluss verbrennen."

Pip ließ sich nicht beirren. „Hast du überhaupt schon mal Menschen gesehen? Sie sind groß und furchtbar schwerfällig." Er ahmte den Gang eines Menschen nach, indem er breitbeinig und schwankend über den Ast tappte. Vor seinem Freund blieb er stehen und sah ihn fest an.

„Sie fangen uns nicht. Und sie lassen überall Essbares herumliegen, man braucht es sich nur zu holen. Vergiss die Pilze. Wir schlagen uns die Bäuche mit etwas Besserem voll!"

Mux' Fell zuckte, als plagten ihn Mücken, doch dann knurrte sein Magen hörbar. „Na gut", sagte er. „Aber beim kleinsten Anzeichen von Gefahr bin ich weg."

Pip verpasste ihm einen spielerischen Klaps mit dem Schwanz, dann sprang er auf den nächsten Baumstamm und flitzte daran hoch. „Ich hab Durst! Lass uns unterwegs kurz am See anhalten", rief er Mux über die Schulter zu. „Na los, wo bleibst du denn?"

Doch als er die Hinterläufe anspannte, um auf den nächsten Baum zu wechseln, der ziemlich weit weg stand, fiel plötzlich ein Schatten über ihn. Er blickte auf und erstarrte.

Ein schmaler, fast rattenähnlicher Kopf.

Ein blitzendes Gebiss.

Scharfzahn.

Das Gesicht des älteren Eichhörnchens war hassverzerrt. „Na, willst du dich verdrücken?", knurrte Scharfzahn. „Wie der Vater, so der Sohn!"

Pip musste sich zusammenreißen. „Wie meinst du das?", fragte er ruhig. Hatte Scharfzahn seine Unterhaltung mit Mux belauscht? Doch der

Ältere sah ihn nur an, dann sprang er durch die Baumkrone davon.

„Was sollte das denn?" Mux hatte Pip eingeholt.

Pip sah zu, wie das Laub hinter Scharfzahn bebte, und schüttelte sich kräftig, um das unangenehme heiße Brodeln loszuwerden, das dessen Worte in ihm ausgelöst hatten.

„Keine Ahnung", sagte er. „Er ... er hat behauptet, ich wäre wie mein Vater." Pip drehte sich nach seinem Freund um. „Rosta hat vorhin das Gleiche gesagt."

Vielleicht stimmt es ja, dachte er. Aber wäre das denn so schlimm? Schließlich war Blitzpfote stark und mutig und der beste Springer im ganzen Wald gewesen. Trotzdem war er verschwunden ... Er hatte Rostas Leibwache ohne Erklärung verlassen.

Und er hatte auch seinen Sohn verlassen. Ob Pip wohl jemals den Grund erfahren würde?

Das Licht der untergehenden Sonne schwindet, Dämmerung umfängt mich. Mir ist bewusst, dass meine Tage als Hüterin des Waldes gezählt sind, aber ich muss stark bleiben – wenn schon nicht äußerlich, dann wenigstens im Geiste.

Sämtliche Wurzeln sämtlicher Bäume suchen meinen Rat, wissen vor Durst nicht mehr ein noch aus. Doch Bäume haben ein langes Leben und unser Gedächtnis sogar ein noch längeres. Aus dem, was ich von längst dahingegangenen Bäumen erfahre, schöpfe ich einen Funken Hoffnung.

Ich bohre meine Wurzeln tief in den Boden, suche die Dunkelheit unter der Erde. Ich sauge sie auf wie das Wasser, das nicht mehr durch meinen Wald fließt. Die Dunkelheit bedeutet Tod – aber zugleich auch Leben.

Fäulnis durchtränkt meinen Stamm. Meine Rinde klafft auf. Mein Holz birst, mein Mark liegt frei. Meine Äste brechen und die Kraft verlässt mich. Die Geräusche von Blatt, Flügel und Pfote werden leiser und leiser ...

Das ist das Ende. Das ist der Anfang.

3. Kapitel
Am Feuer

In dem kleinen See unter ihnen spiegelte sich
der dunkle Himmel.

Pip witterte. Waren irgendwelche anderen Tiere
in der Nähe? Doch er roch nur modriges Schilf
und fauligen Morast. Mücken summten in trägen
Wolken über der Wasseroberfläche.

Pip huschte den Baum herab und war mit drei
großen Sätzen am Ufer, dicht gefolgt von Mux.
Nachdem sie sich durchs Schilf gezwängt
hatten, erklommen sie einen der bemoosten

großen Steine, die über den See hinausragten.
Sonst war das Ufer immer feucht und schlammig,
doch jetzt war der Boden so ausgetrocknet,
dass ihn tiefe Risse durchzogen. Ein Saum aus
Algen zeigte an, wo der Wasserspiegel hätte
sein sollen.

„Der See zieht sich immer mehr zurück", stellte
Mux fest. „Als ich gestern hier war, stand das
Wasser noch höher."

Sie stemmten die Vorderläufe auf den Boden
und machten die Hälse lang. Dann tranken sie
abwechselnd, damit immer einer von beiden
nach Angreifern Ausschau halten konnte.

Das trübe Wasser schmeckte eklig und hinterließ
einen körnigen Belag auf Pips Zunge. Er schnitt
eine Grimasse. „Igitt! Hoffentlich regnet es bald!"
Er schüttelte die bräunlichen Tropfen aus seinen
Barthaaren.

Während sie ihren Weg durch die düsteren
Baumkronen fortsetzten, ertönte von überallher
das Abendlied des Himmelsvolks.

Die körperliche Anstrengung tat Pip gut, auch wenn ihr Vorhaben riskant war. Der Vollmond stand schon groß und rund am Himmel, als sie am Bau der Menschen ankamen.

Vor ihnen erhoben sich die Umrisse der fremdartigen Kobel, die im Kreis angeordnet waren. Am Rand der Wiese in der Mitte grasten Kaninchen. Sie drehten wachsam die Ohren hin und her und sahen sich immer wieder mit dunklen Augen um. Pip und Mux duckten sich auf einen langen Ast, der über die Wiese ragte, und Pip spürte, dass Mux zitterte.

„Wollen wir nicht lieber wieder umkehren?", flüsterte Mux.

„Dann hätten wir den weiten Weg umsonst gemacht", hielt Pip dagegen und rückte näher an seinen Freund heran, um ihn zu beruhigen.

„Außerdem sind die Menschen viel zu beschäftigt, um auf uns zu achten."

Zwei der gedrungenen Kobel verströmten ein sonderbares Licht – der eine hell und rötlich, der

andere matt und blau. Auf der Wiese flackerte
ein Feuer und drum herum hockte ein Rudel
ausgewachsener Menschen. Sie fraßen
verbranntes Fleisch und stießen gedämpfte
Laute aus.

Etwas weiter weg saßen zwei Menschenjunge
auf einem Gebilde aus seltsam kantigen Ästen.
Beide hielten etwas in den Pfoten und starrten
gebannt darauf. Es war klein und flach und gab
ein mattes Leuchten von sich, das eher an
Mondlicht als an Feuerschein erinnerte. Auf
einer erhöhten Holzscheibe neben ihnen lag
bergeweise Nahrung. Verlockend süße und
würzige Düfte wehten zu Pip hinüber, aber leider
war dieser Festschmaus in Pfotenreichweite der
Menschenjungen …

Er konzentrierte sich stattdessen auf eins der
Futterverstecke, die hohlen, oben offenen
Baumstümpfen glichen. Ab und zu verließ ein
Mensch das Feuer, warf etwas hinein und
kehrte wieder um. Das Futterversteck stand

ein ganzes Stück vom Feuer entfernt und lag im Dunkeln.

„Das ist unsere Chance!", zischte Pip seinem Freund zu und deutete mit der Schnauze darauf. „Stell dir vor, wie Rosta staunen wird, wenn wir ihr etwas mitbringen!"

„Du brauchst dich nicht bei ihr einzuschmeicheln, Pip", gab sein Freund zurück. „Sie nimmt dich nie und nimmer in ihre Leibwache auf."

„Jetzt vielleicht noch nicht", konterte Pip, „aber einen guten Eindruck zu machen, kann nicht schaden. Und selber satt werden wir dabei auch."

„Na ja ..." Mux witterte mit zuckender Nase.

„Ich gebe zu, es riecht fantastisch." Er gab sich einen Ruck. „Dann los, bevor ich es mir anders überlege!"

Als die beiden Eichhörnchen am Baumstamm herabliefen, klackerten ihre Krallen kaum hörbar über die Rinde. Dann huschten sie durch das hohe Gras am Rand der Lichtung. Doch die meisten Halme waren braun und raschelten.

Sie waren viel zu trocken und Pip musste wieder an das ausgedörrte Seeufer denken.

Sie überquerten die Lichtung in kurzen Sätzen, hielten zwischendurch immer wieder an, sahen sich um und lauschten.

Dann hatten sie das Futterversteck erreicht. Der sonderbare Baumstumpf war sehr glatt und fühlte sich kalt an, aber es roch daraus köstlich nach verfaulten Früchten.

„Du passt auf", zischte Pip seinem Freund zu. „Ich springe rein." Er kletterte an dem Baumstumpf hoch, hielt sich mit den Krallen am oberen Rand fest und spähte hinein.

Im schwachen Mondlicht erkannte er einen Haufen aus Schalen und Rinde. Er stieß sich ab und landete weich.

Von dem starken Fäulnisgeruch wurde ihm ganz schwindlig. Er wühlte den Haufen durch, doch eine angebissene Frucht war das Einzige, was noch halbwegs fressbar war. Als Mux' schmales Gesicht am Rand der Öffnung erschien, machte

ihm Pip ein Zeichen und Mux sprang zu ihm hinunter.

„Die Frucht hier ist sowieso zu groß, um sie Rosta zu bringen", flüsterte Pip, und beide verschlangen den saftigen Leckerbissen gierig bis auf den letzten Happen.

Anschließend kletterten sie wieder auf den Rand des Futterverstecks und spähten zum Feuer der Menschen hinüber. Die brennenden Äste knackten und knisterten, Funken sprühten in den Nachthimmel.

Die Stimmen der Menschen klangen zufrieden, beinahe schläfrig. Nur die beiden Jungen waren von dem matten Leuchten in ihren Pfoten immer noch so fasziniert, dass sie die Futterberge neben sich nicht angerührt hatten.

Mux schien ihm anzusehen, was er vorhatte. „Das ist nicht dein Ernst, oder?", fragte er ungläubig.

„Sonst können wir Rosta überhaupt nichts mitbringen!", entgegnete Pip. „Keine Sorge. Ich bin gleich wieder da."

Mux schüttelte nur den Kopf. „Du bist
verrückt."

Doch er versteckte sich im hohen Gras und
wartete, während sich Pip geduckt an den
Futtervorrat anschlich. Dabei ließ er die
Menschenjungen nicht aus den Augen.
Sobald sie sich bewegen, laufe ich weg, sagte
er sich. Noch saßen die beiden reglos da und
ahnten nicht, dass sich ein Eichhörnchen an ihnen
vorbeistahl. Eine Pfote vor die andere – leise,
ganz leise. Dann huschte Pip blitzschnell an
einem Bein der Holzscheibe hoch.
Die vielen verschiedenen Düfte überwältigten
ihn beinahe. Scharf und herb, saftig und süß –
so roch es im Wald nie! Pip näherte sich einer
trockenen, halb aufgeplatzten Schote, streckte
Nase und Barthaare hinein und erweiterte die
Öffnung.
Die glänzenden braunen Kerne dufteten
herrlich. Hmmmm! Er musste unbedingt einen
kosten, doch als er die Nase tiefer hineinschob,

raschelte die Schote und er hielt erschrocken inne.

O nein!, dachte er panisch.

Sofort ertönten laute Rufe. Als Pip herumfuhr, beugte sich eins der Menschenjungen über die Holzscheibe und langte mit seiner großen, unbehaarten Pfote nach ihm.

Rasch nahm Pip die Schote zwischen die Zähne, rettete sich mit einem Satz vor der Menschenpfote und mit einem zweiten Satz nach unten ins Gras.

Mux war schon zu den Bäumen hinübergeflitzt, sprang an einem Stamm hoch, drehte sich um und machte seinem Freund hektische Zeichen.

Pip rannte, so schnell er konnte, doch die Schote zwischen seinen Zähnen hüpfte auf und ab und behinderte ihn. Hinter sich hörte er die Rufe und schweren Schritte der beiden Menschenjungen.

Um sie zu verwirren, schlug er einen Haken.

„Mach schnell!", zischte Mux.

Pip stürmte weiter, ließ seine Beute aber

nicht los. Er würde die Schote nicht hergeben, auf keinen Fall! Er sprang auf den Baumstamm und kletterte daran hoch. Erst oben in der Krone wagte er anzuhalten und sich umzudrehen.

Er atmete auf. Die Menschenjungen hatten die Verfolgung aufgegeben und sich zu ihren Eltern am Feuer gesellt. Sie fuchtelten mit den Vorderpfoten und stießen aufgeregte Laute hervor. Wahrscheinlich schilderten sie den anderen, wie sie Pip gejagt hatten.

„Das war knapp!", sagte Mux.

„Verdammt knapp", stimmte ihm Pip keuchend zu.

„Aber das, was da drin ist, riecht lecker."

Mux streckte ebenfalls die Nase in die Schote.

„Das hast du gut gemacht, Pip. Rosta freut sich bestimmt!"

„Dann war meine Idee also doch nicht so verrückt, was? Ich glaube, es reicht auch noch für die Leibwächter."

Vielleicht ist ja sogar Scharfzahn beeindruckt, dachte Pip bei sich.

Als sie den Rückweg antraten, war es kühl geworden und zwischen den Blättern funkelten die ersten Sterne. Der stechende Geruch frischer Fuchslosung stieg Pip in die Nase, und auch wenn er keine geflügelten Räuber sah, weit konnten sie nicht sein.

„Wir müssen uns beeilen", mahnte Mux. „Es ist schon spät und wir sind noch lange nicht da."

Sie beschleunigten ihr Tempo. Pip spitzte die Ohren, rechnete jeden Augenblick mit den gedämpften Flügelschlägen von Eulen, doch nichts tat sich. Trotzdem wurde ihm immer beklommener zumute, je tiefer sie in den Wald vordrangen.

Warum sangen die Nachtvögel nicht?

Abgesehen von den Geräuschen, die sie selbst verursachten, war es in den Baumkronen totenstill.

Pip hielt inne und lauschte mit schief gelegtem

Kopf. Dann ließ er die Schote los und stellte die Vorderpfote drauf. Mux hielt neben ihm an.

„Hier stimmt etwas nicht", flüsterte Pip. „Es ist zu ru–"

Ein fürchterlicher Lärm brach los. Überall um sie herum bebten Zweige und Blätter, als auf einen Schlag Vögel aller Größen und Arten aufflogen. Ihr wildes Geflatter war so laut wie Donner.

Die beiden jungen Eichhörnchen drückten sich flach und mit zugekniffenen Augen an den nächstbesten Baumstamm, weil Flügel und Schwanzfedern auf sie einpeitschten. Der Aufruhr schien nicht enden zu wollen.

Dann war es plötzlich wieder still. Als Pip die Augen aufmachte, sah er die letzten Vögel in der Nacht verschwinden.

„Was ist denn los?", rief er ihnen nach. „Wo wollt ihr hin?" Er bekam keine Antwort.

Rasch erklomm er den Baumwipfel. Der Anblick, der sich ihm von dort aus bot, verschlug ihm den

Atem. Der riesige Vogelschwarm verdeckte den halben Himmel samt den Sternen.

Mux kam zu ihm. Seine Augen waren angstvoll aufgerissen, er zitterte heftig.

„Das Himmelsvolk verlässt den Wald", sagte Pip benommen.

Mux schluckte. „Das bedeutet nichts Gutes, oder?"

Pip nickte. „Aber Rosta weiß bestimmt, was zu tun ist. Komm weiter!"

Er nahm die Schote wieder zwischen die Zähne und sie wechselten auf den nächsten Baum über. Ohne zwischendurch lange zu verschnaufen, sprangen sie von Ast zu Ast, bis sie in ihrem heimischen Buchengehölz ankamen.

Pip hielt keuchend an, seine Muskeln entspannten sich ein bisschen. Endlich in Sicherheit!, dachte er.

Doch dann brach eine neue Angstwelle wie ein eisiger Winterregen über ihn herein. Warum roch es nicht wie sonst – warm und leicht muffig nach

den Bewohnern der Kobel ringsum? Wieso
scharrten nirgendwo Krallen?

„Hallo?", rief er in die Stille hinein.

Mux fing seinen Blick auf. Sie brauchten nicht
erst die Nase in die Kobel zu strecken.

Ihr Heimatrevier war verlassen.

Alle anderen Eichhörnchen waren fort.

4. Kapitel
Ein Zeichen

Nachdem Pip die kostbare Schote in einem hohlen Baumstumpf verstaut hatte, machte er sich zusammen mit Mux auf die Suche nach seinen Artgenossen.

Da ertönten wieder aufgeregte Rufe und Schreie – aber diesmal nicht von Vögeln, sondern von den übrigen Waldtieren.

Pip huschte alarmiert zu Mux hinüber und sie klammerten sich aneinander. Pip konnte die Stimmen von Fuchs und Frettchen unterscheiden,

von Dachs und Wildschwein, Eichhörnchen
und Wiesel. Sie alle vereinten sich zu einem
markerschütternden Angstgeheul.
„Wo kommt das her?", fragte Mux erschrocken.
„Von der weisen Eiche!", erwiderte Pip.
„Anscheinend haben sich die anderen dort
versammelt."
Die beiden Freunde flitzten los. Je näher sie der
Lichtung kamen, desto lauter wurde das Geschrei.
In einem Baum am Rand hielten sie an.
Als Pip nach unten schaute, traute er seinen
Augen nicht. Die Lichtung wimmelte von Tieren.
Sie drängelten und schubsten, und alle schauten
zur Krone des uralten Baumes hoch.
Das Laub der Hüterin war welk und braun.
Durch ihre dicke Rinde zogen sich von oben bis
unten klaffende Risse. Aus den Wunden sickerte
dunkler, zäher Saft und auf dem freiliegenden
Mark wucherte schwarzer Schimmel.
Von dem Fäulnisgestank, der zu ihnen
emporwehte, drehte sich Pip der Magen um.

„Das darf nicht wahr sein", sagte Mux tonlos.

Pip hielt in dem Gedränge nach Rosta Ausschau.
Sie musste doch irgendwo hier sein!

Die Tiere der einzelnen Völker hatten sich zu
Gruppen zusammengeschart. Verschreckte Mäuse
und Maulwürfe drückten sich aneinander,
zitternde Kaninchenkinder vergruben die
Gesichter im Fell ihrer Mütter. Auch Füchse
mit rötlichem Fell und weißen Schwanzspitzen
waren vertreten, wogegen die schwarz-weißen
Pelze der Dachse bei Pip ungute Erinnerungen
an lange Grabkrallen und spitze Eckzähne
wachriefen.

Ob der Friede auf der Lichtung auch hielt, wenn
die Eiche krank war?

„Da ist Rosta!", rief Mux.

Sie kauerte unter einem Busch am Rand der
Lichtung und die übrigen Eichhörnchen drängten
sich um sie.

Pip machte sich sofort daran, nach unten zu
klettern, hielt aber inne, als ein Windstoß über

die Lichtung fegte. Der Wind erfasste die Blätter der Hüterin und riss sie ab. Sie lösten sich unnatürlich leicht und wirbelten in dichten Wolken zu Boden.

Die Tiere schrien auf und einige stürzten sich sofort mit Pfoten und Krallen auf die Blätter.

Sie zerstören die Botschaften!, dachte Pip entsetzt. Er sauste los, Mux hinterher.

„Weise Eiche!", rief Pip. „Sag uns, was wir tun sollen!"

Überall um ihn herum trudelten Blätter herab, doch alle waren braun und verschimmelt.

Trotzdem fing er eines. Würde es ihm erklären, was passiert war, ihm einen Rat geben?

Er drückte das Blatt an sein Herz.

Nichts.

Das Blatt in seiner Pfote zerbröselte. Er fing noch eins und noch eins, aber alle waren vertrocknet und tot. Keine Erklärung, kein Ratschlag.

„Die weise Eiche stirbt!", rief eine Spitzmaus schrill.

Andere Tiere stimmten mit ein: „Wir sind verloren! Der Baum ist krank!"

Pip konnte die Panik der Anwesenden wittern. Es war ein strenger, beißender Geruch, wie der Geruch von Tod.

Die jungen Eichhörnchen bahnten sich einen Weg durch das Gewimmel.

Rosta richtete sich jetzt auf. Ihr Blick war ernst, aber nicht angsterfüllt.

„Bitte bewahrt Ruhe, meine Freunde", sagte sie, als sie die beiden kommen sah. „Die Hüterin lässt uns sicher nicht ohne eine Nachfolgerin zurück. Sie wird uns ein Zeichen geben."

Hoffentlich hatte sie recht!

Ein lautes Krachen ließ alle aufschauen. Ein mächtiger Ast der Eiche war abgebrochen. Schaurig knarrend schwankte er noch an ein paar letzten Fasern, dann stürzte er herab.

Mäuse und Maulwürfe; Wiesel und Igel stoben auseinander, um nicht erschlagen zu werden.

Eine Kaninchenmutter brachte ihre Jungen im

letzten Augenblick in Sicherheit. Der Ast
landete polternd auf dem Boden und zerbarst
in morsche schwarze Stücke.

„Das ist unser Ende!", rief ein Reh. „Jetzt muss
der Wald sterben!"

Als daraufhin allgemeines Wehklagen losbrach,
versuchte Pip, sich davon nicht anstecken zu
lassen. Er wollte Rosta und der Eiche gern
vertrauen. Trotzdem war auch ihm ganz elend
zumute.

Da übertönten laute Schläge den Tumult.
Ein einzelnes Kaninchen stand auf einem
umgestürzten, hohlen Baum und stampfte
energisch mit dem muskulösen Hinterlauf auf. Es
war aber nicht irgendein Kaninchen, sondern ein
auffallend kräftiger schneeweißer Rammler. Pip
kannte ihn. Er war der Anführer der Kaninchen.
Die anderen Tiere wurden still.

„Seht nur!", rief der weiße Rammler und
deutete mit der rosafarbenen Nase auf den
Wipfel der Hüterin. „Ein Wunder!"

Von hellem Mondlicht umflossen, hing an einem der obersten Äste eine große Eichel. Sie musste noch aus dem letzten Herbst stammen, war aber kein bisschen verschrumpelt oder verfault, sondern so prall und glänzend, als sei sie gerade erst herangereift.

„Das gibt's doch nicht!", entfuhr es Pip. Das musste das Zeichen sein, von dem Rosta gesprochen hatte.

Er schöpfte wieder Hoffnung. Wenn sie die Eichel einpflanzten, würde daraus eine neue Hüterin wachsen. Ganz bestimmt!

Doch auf der Lichtung wurden wieder aufgeregte Stimmen laut.

„Um diese Eichel kümmert sich das Dunkle Volk", knurrte der narbenbedeckte Anführer der Dachse. „Sobald sie abfällt, vergraben wir Dachse sie tief unter der Erde."

„Ich hab sie zuerst gesehen!", widersprach der Anführer der Kaninchen, legte die weißen Ohren an und sträubte das Fell. „Die Eichel gehört

uns. Wir pflanzen sie bei unseren Höhlen
ein."

Dagegen erhob sich ebenfalls Protest. Kein Volk
wollte einem anderen die Eichel gönnen.

Nur eine Anführerin blieb still: Rosta. Sie stand
reglos da, den Blick unverwandt auf die prächtige
Frucht gerichtet.

Dann wandte sie sich nach ihren Getreuen um.

„Kommt. Wir kehren erst einmal um."

Sie hat einen Plan!, dachte Pip.

Er und Mux schlossen sich den anderen an. Kurz
darauf versammelten sich alle Eichhörnchen unter
dem Laubdach vor Rostas Kobel. Die Leibwächter
nahmen ihre Plätze in der Nähe der Anführerin
ein. Pip, Mux und die übrigen Halbwüchsigen
hielten sich abseits und tuschelten ängstlich miteinander. Ihre Barthaare zitterten, das Weiß ihrer
Augen leuchtete im Halbdunkel. Mütter behielten
ihre Jungen dicht bei sich, und ganz außen
saßen die ältesten Eichhörnchen und warteten
respektvoll darauf, dass Rosta das Wort ergriff.

Die Leibwächter wirkten beunruhigt. Griesel und Moss wechselten immer wieder Blicke und hatten das Fell gesträubt, Farna zuckte nervös mit Schwanz und Ohren, und Scharfzahn betrachtete seine Vorderpfote und drehte sie hin und her, sodass die langen Krallen schimmerten.

Rosta dagegen blieb vollkommen ruhig. Ihr dichtes rotbraunes Fell lag glatt an, ihr Blick war gelassen. Sie schaute in die Runde und wartete darauf, dass Stille einkehrte. Doch erst als ein Leibwächter mit der Pfote in die Luft hieb, verstummten alle.

Die Eichhörnchen sahen ihre Anführerin gespannt an.

„Das ist nicht das Ende unseres Baumvolks", begann Rosta schließlich und Pip bewunderte sie dafür, dass ihre Stimme so fest klang. „Ja, die Hüterin ist krank, aber ihr habt auch das Wunder gesehen. Eine Eichel!" Sie blickte wieder in die Runde und diesmal funkelten ihre Augen. „Eine reife Eichel, die es eigentlich gar nicht geben dürfte!" Sie nickte, als hätte sie mit nichts anderem gerechnet. „Aus dieser Frucht wird eine neue Hüterin wachsen. Solange dieser Eichel nichts zustößt, wird auch der Wald überdauern."

Eine Pause entstand. Die anderen Eichhörnchen ließen ihre Worte auf sich wirken.

Scharfzahn war der Erste, der wieder etwas sagte. „Aber du hast die anderen Anführer doch gehört!", rief er in einem Ton, so bitter wie Löwenzahnsaft. „Jeder will die Eichel haben. Wir müssen ihnen zuvorkommen!"

Rosta nickte wieder. „Klug gesprochen, Scharfzahn. Die anderen Völker streiten sich um die Eichel. Selbst wenn sie einmal eingepflanzt ist, wird jeder sie für sich behalten wollen. Aber ein Krieg um die neue Hüterin ist das Letzte, was unser Wald braucht.

Darum schlage ich vor, dass *wir* uns die Eichel holen und sie einpflanzen. Wir bewahren Stillschweigen darüber und passen auf sie auf,

bis der neue Baum groß genug ist, um über alle Tiere zu wachen."

„Richtig!", sagte Scharfzahn. „Es wird Zeit, dass das Baumvolk die Macht übernimmt!"

Rosta schüttelte den Kopf. „Es geht nicht um Macht, sondern darum, was für den Wald das Beste ist. Und wir tun es für *alle* Tiere."

„Aber wie kommen wir an die Eichel heran?", wandte Griesel ein. „Die anderen Tiere werden bestimmt nicht tatenlos zusehen, wie wir sie uns holen."

„Das Himmelsvolk ist geflohen und die anderen müssen warten, bis die Eichel von allein abfällt. Nur wir Eichhörnchen können zu ihr hochklettern. Also ..." Rosta schaute wieder einen nach dem anderen an und Pip überlief ein Kribbeln, als wäre das die Herausforderung, auf die er sein Leben lang gewartet hatte. Die Aufgabe, für die er bestimmt war. Er ahnte schon, was Rosta als Nächstes fragen würde. „Wer holt die Eichel?"

5. Kapitel
Pips Versprechen

Die Versammelten wechselten verunsicherte
Blicke. Niemand antwortete.

Pip dachte an die Hüterin. Er sah vor sich, wie
der mächtige Baum ganz allein mitten auf der
Lichtung stand und an einem der höchsten Äste
die Eichel hing. An sie heranzukommen, war
beinahe unmöglich.

Beinahe.

Nur jemandem, der genauso gut springen wie
klettern konnte, konnte dieses tollkühne

Kunststück gelingen. Jemandem wie seinem
Vater oder …

„Ich mach's!" Als sich alle nach ihm umdrehten,
wurde ihm unter seinem Fell ganz heiß.

„Du?", sagte Scharfzahn verächtlich. „Du bist
doch noch ein halbes Kind!"

Die anderen Eichhörnchen stießen einander an.
Sogar Farna, die eine Freundin von Pips Mutter
und immer nett zu ihm gewesen war, machte
ein skeptisches Gesicht.

„Wenn jemand die Eichel holt, dann ja wohl ich!",
fuhr Scharfzahn rasch fort. „Ich bin von uns allen
der beste Kletterer." Er bleckte die langen gelben
Zähne. „Und kämpfen kann ich auch."

Zustimmendes Raunen erhob sich, doch Rostas
Blick ruhte auf Pip.

„Du hast schon einmal großen Mut bewiesen,
Pip", sagte sie. „Trotzdem: Wieso traust
ausgerechnet du dir zu, die Eichel zu pflücken?"

„Weil … äh …" Pip hatte eine Eingebung. „Ich
zeig euch was!"

Er verließ den Baum, holte die Schote aus dem hohlen Baumstumpf, sprang den Stamm wieder hinauf und präsentierte sie Rosta schwungvoll. Rosta nahm die Gabe entgegen und beschnupperte sie. Auch die anderen Eichhörnchen fiepten erwartungsvoll.

Pip fasste sich ein Herz. „Ich traue mir zu, die Eichel zu pflücken, weil …" Dann sprudelte er los, damit ihn niemand unterbrechen konnte. „Weil ich mich zum Bau der Menschen gewagt und das hier mitgebracht habe. Das war nicht leicht! Und darum traue ich mir auch zu, so weit zu springen, dass ich an die Eichel herankomme, und so hoch, dass mich keiner dabei sieht." Er stockte kurz, weil es in seiner Brust schmerzhaft pochte. Dann fügte er leise hinzu: „So wie mein Vater."

„Wie dein Vater?", fauchte Scharfzahn. „Woher sollen wir dann wissen, dass du nicht einfach mit der Eichel verschwindest, so wie er damals einfach abgehauen ist?"

Pip entging nicht, dass Rosta ihn eindringlich beobachtete.

Auf einmal hatte er ein ganz trockenes Maul und musste schlucken. „Ich habe keine Ahnung, warum mein Vater damals verschwunden ist, aber ich möchte es gern wiedergutmachen. Lasst mich die Eichel holen."

Es trat eine lange Pause ein und Pip spürte, wie ihn die anderen Eichhörnchen abschätzend musterten.

Bitte, bitte sagt Ja, flehte er stumm. Ich weiß, dass ich es schaffe!

„Hmmm ...", machte jemand. Es war Moss. „Ich finde die Idee gar nicht schlecht." Ein paar Eichhörnchen nickten. „Scharfzahn ist im Wald zu bekannt. Wenn die anderen Tiere mitbekommen, dass er die Eichel pflückt, ist klar, dass wir das Ganze geplant haben. Aber wenn sie Pip dabei erwischen ..." Moss zuckte die Schultern. „Dann können wir immer noch behaupten, dass wir nichts davon wussten, und bekommen keinen Ärger."

Das war zwar nicht gerade die freudige Zustimmung, auf die Pip gehofft hatte, aber immerhin.

Rostas Barthaare bebten, während sie nachdachte. „Damit ist es entschieden", sagte sie schließlich. „Pip, du holst die Eichel. Aber es muss noch heute Nacht geschehen, im Schutz der Dunkelheit."

Pips Maul wurde noch trockener. Er hätte einen Schluck Wasser gebrauchen können, aber hier oben gab es natürlich keine Pfütze.

„Ich wünsche dir flinke Pfoten und ein furchtloses Herz", fügte Rosta an. „Du begibst dich in große Gefahr."

Jetzt konnte Pip keinen Rückzieher mehr machen. Weil seine Beine plötzlich weich wurden, musste er sich am Ast festklammern. Noch nie hatte ein Tier gewagt, die weise Eiche zu berühren. Noch nie in der ganzen Geschichte des Waldes. Ich werde der Erste sein, der ihren Wipfel erklimmt, dachte er aufgeregt. Allein. Nachts.

Pip holte tief Luft. „Ich bringe dir die Eichel, Rosta. Versprochen."

Pip saß hoch oben in einem Baum und blickte über den dunklen Wald. Mux und Farna hatten ihn bis an den Rand des Eichhörnchenreviers begleitet. Jetzt aber würden sie umkehren und Pip musste seinen Weg zur Lichtung der Hüterin allein fortsetzen.

„Viel Glück", sagte Farna feierlich. „Deine Mutter wäre stolz auf dich gewesen."

„Danke." Beinahe hätten Pip seine Gefühle überwältigt.

„Pass auf dich auf." Mux schaute sich ängstlich um.

Armer Mux, dachte Pip. Er war ein treuer Freund, aber er hatte nicht halb so viel Mut, wie Pip in sich spürte.

Er peitschte selbstbewusst mit dem Schwanz.

„Keine Sorge. Wartet einfach mit den anderen vor Rostas Kobel. Ich bin im Nu wieder zurück."
Er hatte keine Zeit zu verlieren. Witternd reckte er die Nase in die kalte Luft. Räuber schienen nicht in der Nähe zu sein. Noch nicht. Er spannte die Hinterläufe an und dann – ehe er es sich anders überlegen konnte – sauste er los.
So geräuschlos, wie er konnte, schlich er über Äste und schlüpfte zwischen Zweigen hindurch. Der Vollmond tauchte alles in fahles Licht.
Doch als Pip sich der Lichtung näherte, empfing ihn der Gestank von Dachsen und Kaninchen. Er machte halt und spähte durch die Bäume zur Eiche hinüber.
Die Tiere des Dunklen Volks hatten sich in einem engen Kreis um den verfaulten Stamm aufgestellt, hielten die Blicke auf den Wald ringsum gerichtet und ließen die Ohren spielen.
Sie passen auf, dass niemand in den Wipfel hochklettert und die Eichel pflückt, dachte Pip. Aber ich klettere ja nicht hoch …

Während er von einem Baum am Rand der
Lichtung auf den nächsten sprang, achtete er
darauf, dass der Wind seine Witterung nicht
zu den anderen Tieren hinübertrug, und hielt
nach einem geeigneten Ast Ausschau.
Da! Ein langer Kastanienast ragte beinahe über
die halbe Lichtung. Den restlichen Abstand
musste Pip springend überwinden – und es
war ein großer Abstand. Ihm wurde mulmig
zumute.
Nur Mut!, sagte er sich. Trau dich!
Er kletterte auf den Kastanienast und lief ihn
lautlos entlang.
Unter ihm tuschelten die Dachse kurz
miteinander, dann nahmen sie ihre Posten
wieder ein.
Pip schauderte es unwillkürlich. Er hatte nur
einen Versuch und der musste klappen. Wenn
er sich bei diesem kühnen Sprung nicht gleich
das Genick brach, würden ihn die Dachse
umbringen …

Je weiter er sich vorwagte, desto dünner
wurde der Kastanienast und schließlich bog
er sich durch.

Pip schaute wieder nach unten und bereute es
sofort. Ja, der Abstand zur Hüterin war nicht
mehr groß, aber der Abstand zu den Füchsen und
Dachsen ebenfalls nicht.

Der Mond beschien die kahle Krone der Hüterin.
Pip konnte sogar schon den schwarzen Schimmel
erkennen, der sich unter der Rinde ausbreitete.
Und sehr weit oben glänzte im silbrigen Licht
die Eichel – die einzige Chance, die dem Wald
geblieben war.

Ich schaffe das!, redete er sich gut zu. Ich muss
nur …

Er flitzte los. Der Kastanienast bog sich noch
weiter durch, aber Pip rannte immer schneller,
fasste den nächstgelegenen Ast der Eiche ins
Auge. Er verbot sich, nach unten zu blicken, an
den genickbrechenden Sturz zu denken. Dann
sprang er.

Der Wind fegte durch sein Fell und er machte
sich im Flug so lang, wie er konnte. Sein Schwanz
peitschte hinter ihm her, gleich würde er den Ast
zu fassen bekommen.
Es muss klappen!, dachte er. Es muss!
Seine Pfoten fanden Halt.
Geschafft! Doch da brach der dünne Eichenast.
Pip versuchte noch, sich woanders festzuhalten,
aber er fiel schon.
Er prallte gegen einen anderen Ast, fiel weiter,
streifte den nächsten. Diesmal gelang es ihm,
sich in der Luft herumzuwerfen und die Krallen
in die Rinde zu bohren. Er atmete zittrig auf.
„Wer ist da?!", bellte jemand heiser.
Pip hielt sofort inne. Seine Hinterläufe und
sein Schwanz hingen noch in der Luft, und als er
nach unten schielte, stand dort ein kräftig
gebauter junger Dachs und schaute direkt zu
ihm hoch.
Hatte er Pip entdeckt?
Pip baumelte an seinen Vorderpfoten und

wagte nicht zu atmen. Die Augen des Dachses glänzten im Mondlicht, er reckte schnüffelnd die Nase.

„Ich bin sicher, dass ich etwas gehört habe", wandte er sich dann an seine Begleiterin.

„Kannst du was erkennen?"

Sie hob ebenfalls die schwarze Nase und ließ den Blick über die Äste wandern. „Das muss der Wind gewesen sein. Oder ein morscher Ast hat geknackt."

Pips Vorderläufe schmerzten schon. Lange konnte er sich nicht mehr halten.

„Nach dem Wind hat es sich nicht angehört", widersprach der Dachs.

Jetzt drehten sich auch seine übrigen Artgenossen und ein paar Kaninchen um.

„Was soll es denn sonst gewesen sein?", fragte ein älterer Dachs barsch. „An uns kommt niemand ungesehen vorbei."

Pips Krallen lösten sich aus der Rinde. Gleich würde er abrutschen ...

Er suchte verzweifelt wieder Halt – und hörte es über sich rascheln. Es überlief ihn eiskalt.
Hockte dort oben etwa jemand aus dem Dunklen Volk? Das konnte nicht sein, oder doch?
Mit klopfendem Herzen legte er den Kopf in den Nacken. Große gelbe Augen starrten ihn aus einem runden, weiß gefiederten Gesicht mit krummem Schnabel an. Eine Eule!
Ein Angstschrei stieg in seiner Kehle auf, doch ehe er einen Laut von sich geben konnte, breitete die Eule die Flügel aus und ging in den Sturzflug.

6. Kapitel
Wachdienst

Pip erwartete den tödlichen Krallenhieb. Aber die
Eule glitt an ihm vorbei und hielt auf die Tiere
des Dunklen Volks zu. Ihr Gefieder leuchtete hell
im Mondschein.

Sie stieß einen schrillen Schrei aus.

Die Kaninchen stoben auseinander und
flohen.

Die Dachse rührten sich nicht von der Stelle.

„Verschwinde!", knurrte eine Dächsin und richtete
sich drohend auf den Hinterbeinen auf, doch

die Eule kreischte noch einmal und stürzte sich mit Flügeln und Krallen auf sie.

Das war Pips Chance! Die Eule lenkte die anderen Tiere ab!

Er zog sich auf den Ast hoch und hielt sich auch mit den Hinterpfoten fest.

„Der Vogel ist verrückt geworden!", rief ein männlicher Dachs.

„Nein, er ist ein Zeichen", widersprach ein anderer.

Pip gab sich Mühe, nicht hinzuhören, und huschte den Ast entlang, der zum Glück immer dicker wurde. Als er das nächste Mal nach unten schaute, war die Eule fort, aber die Dachse waren noch da und spähten mit aufgerissenen Augen in die Bäume ringsum.

Pip lief weiter, bis die Eichel direkt über ihm hing. Dann sprang er von Ast zu Ast aufwärts und hoffte dabei inständig, dass das morsche Holz nicht brechen würde. Endlich war die Eichel in Reichweite. Obwohl der Baum selbst krank war,

war sie unversehrt und makellos. Rasch streckte
Pip die Pfote aus und pflückte sie ab.

Ich hab sie!, triumphierte er. Scharfzahn wird
Augen machen!

Die Dachse drückten sich mit den Rücken an
die Hüterin und sträubten furchtsam das Fell. Pip
nahm den kurzen Stiel der Eichel zwischen die
Zähne und trat eilig den Rückweg an. Er war in
Hochstimmung.

Im Laufen bewunderte er die prächtige Frucht.
Die Eichel stand für neues Leben.

Einen Neuanfang.

Und das war ganz allein *sein* Verdienst!

Pip hatte Rostas Baum erreicht, schlüpfte eilig
durchs dichte Laub und hielt vor ihrem Kobel an.
Die anderen Eichhörnchen hatten auf ihn
gewartet. Jetzt richteten sich alle Augen auf
die Eichel.

„Du hast es geschafft!", rief Mux aus.

„Ich hab's gewusst", schloss Farna sich ihm an.

„Dreimal Hurra für Pip!"

Alle Eichhörnchen jubelten.

Pip wurde innerlich ganz warm. Er neigte verlegen den Kopf und drängte sich zu Rosta durch. Sie saß auf ihrem üblichen Ast, Scharfzahn und die anderen Leibwächter hinter sich. Moss und Farna rückten beiseite, um Pip durchzulassen, und Pip streckte Rosta die Eichel auf der flachen Pfote hin.

Die Anführerin nahm die glänzende braune Frucht entgegen und hielt sie in die Höhe. Die letzten Freudenrufe verklangen.

„Du hast deine Sache gut gemacht, Pip", sagte Rosta und ließ die Eichel wieder sinken. „Du hast unseren Wald gerettet und eines Tages werden es dir alle Tiere danken." Wieder erscholl Jubel und die jüngeren Eichhörnchen kieksten begeistert Pips Namen. Rosta wartete geduldig, bis sich alle wieder beruhigt hatten. „Nun denn, Pip", fuhr sie fort und blickte ihn zugleich freundlich und ernst an. „Als Belohnung für deinen Mut und als Anerkennung für deine erstaunliche Sprungkraft ernenne ich dich hiermit zu einem meiner treuen Leibwächter. Natürlich nur, wenn du einverstanden bist."

Pip verschlug es die Sprache. „Ich … ich … klar bin ich einverstanden!", brachte er dann stockend heraus und ihm wurde vor Stolz ganz schwindlig. Als er zu Mux hinüberschielte, sah er, dass sein Freund sich mit ihm freute.

„Dein Platz ist zwischen Moss und Scharfzahn", setzte Rosta hinzu, dann beugte sie sich vor und flüsterte so leise, dass nur Pip sie verstand: „Dein Vater wäre stolz auf dich."

Ein drittes Mal brach Jubel los.

Als Pip seinen Platz neben Moss einnahm, drehte sich Scharfzahn zu ihm um. Seine eng zusammenstehenden Augen blickten eisig, sein Schwanz zuckte gereizt.

„Werd jetzt bloß nicht eingebildet", knurrte er.

„Einem übermütigen Eichhörnchen kann leicht etwas zustoßen."

Doch Pip genoss die Bewunderung der anderen Eichhörnchen und verdrängte Scharfzahns Bemerkung.

Ab jetzt ist es meine Aufgabe, Rosta zu beschützen, dachte er stolz. Ihr Wohlergehen und die Zukunft des Waldes – nur darauf kommt es an. Ich werde meine Pflicht erfüllen, egal, was Scharfzahn von mir hält!

Früh am nächsten Morgen – es war noch kühl und die Sonne ging gerade erst auf – trat Pip den Weg zum See an, wo sich Rosta mit ihren Leibwächtern treffen wollte.

Mit uns!, berichtigte er sich im Stillen. Ich gehöre ja jetzt dazu.

„Guten Morgen, Pip!" Mux streckte den Kopf aus seinem Kobel.

„Hallo, Mux."

„Ich bin gestern gar nicht mehr dazu gekommen, dir zu gratulieren. Du bist der jüngste Leibwächter aller Zeiten – echt toll! Es ist genauso gekommen, wie du gesagt hast."

„Danke." Pip trat verlegen von einer Pfote auf die andere. „Ich kann es selber noch nicht richtig glauben, aber ich bin gleich mit Rosta verabredet."

„Dann lass dich von mir nicht aufhalten", sagte Mux sofort. „Aber wenn du danach frei hast, kannst du ja zurückkommen und mir alles berichten."

Pip sauste los. Noch nie war er so glücklich gewesen. Die weise Eiche war gestorben, doch an ihrer Stelle würde ein neuer Baum wachsen – aus der Eichel, die *er* gepflückt hatte.

Als er zum See kam, waren Rosta und Moss schon zur Stelle und schauten sich wachsam um. Rosta hielt die Eichel in den Vorderpfoten und

nickte Pip zu. Er setzte sich wieder neben Moss und sah sich ebenfalls um.

Dann raschelte es im Schilf, und Scharfzahn gesellte sich zu ihnen, dicht gefolgt von Farna und Griesel.

„Kommt mit!", sagte Rosta und lief voraus. Auf einem sonnengesprenkelten Flecken Erde etwas abseits des steinigen Ufers hielt sie an. Ringsum wuchsen niedrige Büsche und ein paar junge Bäume.

„Hier ist die neue Hüterin vor Blicken geschützt, bekommt aber gleichzeitig viel Licht", verkündete die Anführerin. „Und weil der See austrocknet, haben die anderen Tiere keinen Grund mehr herzukommen. Der Baum kann ungestört wachsen."

Moss, der von allen Leibwächtern der größte und kräftigste war, begann zu graben. Als er die Eichel in das Loch fallen ließ, hielt Pip unwillkürlich den Atem an. Die rundliche Frucht hob sich bräunlich schimmernd von der schwarzen Erde ab.

Die Eichhörnchen schütteten die Grube wieder
zu und klopften die Erde fest, bis nichts mehr zu
erkennen war. Die Eichel lag nun im Boden und
konnte in Ruhe keimen.

„Und was machen wir jetzt?", fragte Griesel.

„Jetzt üben wir uns in Geduld und bewachen
die Eichel. So lange, wie es eben dauert", gab
Rosta zurück.

„Ich will auch Wache halten!", sagte Pip prompt.

Rosta nickte. „Wir brauchen immer mindestens
zwei Posten. Scharfzahn und du, ihr könnt die
erste Schicht übernehmen. Ihr anderen kommt
mit mir."

Scharfzahn?!, dachte Pip und versuchte, sich seine
Enttäuschung nicht anmerken zu lassen. Warum
musste er ausgerechnet zusammen mit dem einen
Leibwächter Wache halten, der ihn nicht leiden
konnte? Scharfzahn dagegen machte aus seinem
Missfallen keinen Hehl.

„Jetzt soll ich auch noch babysitten!", brummelte
das sehnige ältere Männchen.

Rosta drehte sich um. „Wie bitte?"

„Äh ... nichts." Scharfzahn nahm seinen Posten ein.

„Dann ist ja alles gut." Rosta verschwand mit den übrigen Leibwächtern im Wald.

Als sie außer Sicht waren, hockte sich auch Pip neben der getarnten Grube auf die Hinterläufe. Scharfzahn starrte mit finsterer Miene in die Baumkronen empor, doch Pip plusterte seinen Schwanz auf und setzte sich aufrecht hin.

Rosta hat mich auserwählt!, sprach er sich Mut zu. Die Sonne wärmte sein Fell, die Eichel war in Sicherheit und seine Laune besserte sich zusehends. Mein erster offizieller Einsatz!

Pip hatte sich rasch daran gewöhnt, früh aufzuwachen, schnell etwas Fressbares aufzutreiben, seine Schicht am See anzutreten und anschließend zum Schlafen in seinen Kobel

zurückzukehren. Der Mond nahm ab, die Tage wurden immer heißer, und bald erinnerten nur noch ein paar trübe Pfützen an den See. Sogar das Schilf und der Löwenzahn am Ufer verdorrten allmählich.

Wenn er ankam, musterte Pip immer als Erstes gespannt die Stelle, wo sie die Eichel vergraben hatten. Schob sich schon ein Keimling aus der Erde? Aber weil es nicht regnete, konnte sich seine Hoffnung eigentlich nicht erfüllen, und so war es auch. Ohnehin wuchsen Eichen sehr langsam und bei dieser Trockenheit dauerte es natürlich noch länger. Das war sogar Pip im Grunde seines Herzens klar.

Eines drückend heißen, frühen Nachmittags ließ ihn ein Rascheln im Gebüsch gegenüber aufhorchen. Er spitzte die Ohren und witterte. Es stank nach Dachs.

„Scharfzahn!", zischte er und das ältere Männchen drehte sich um.

Im selben Augenblick erbebte das Gebüsch

und drei große Dachse in Begleitung zweier
Kaninchen brachen mit angriffslustig gesträubtem
Fell durch die Zweige.

Auch Pips Nackenfell sträubte sich.

„Ein Überfall!", rief Scharfzahn.

Hinter Pip ertönte ein Knurren und er fuhr
herum. Aus einem anderen Busch kamen der
Anführer der Dachse, zwei Weibchen und eine
Schar Wiesel. Alle fletschten die Zähne.

„Verzieht euch!", rief Scharfzahn schrill. „Ihr
habt hier nichts verloren!"

„O doch!", knurrte der stattliche Anführer der
Dachse. „Wir beobachten euch Eichhörnchen
schon eine ganze Weile. Ihr haltet hier
abwechselnd Wache." Sein Blick glitt suchend
umher. „Ihr habt die Eichel gestohlen!"

„Unsinn", entgegnete Scharfzahn. „Eine Eule
hat die Eichel gestohlen, das weiß doch jeder."

Der narbenübersäte Dachs zog die Lefzen noch
weiter zurück, sodass man seine langen gelben
Eckzähne sah. „Dann habt ihr bestimmt nichts

dagegen, wenn wir hier ein bisschen buddeln,
oder?" Mit der breiten Tatze gab er den Wieseln
und Dachsen hinter sich ein Zeichen. „Durchsucht
die Gegend!"

„Hol Rosta", raunte Scharfzahn Pip zu.

Doch Pip zögerte, denn er hatte gelobt, die
Eichel zu bewachen. Er plusterte sich auf und
entblößte ebenfalls die Zähne, als eine Dächsin
nun anfing, mit ihren langen Grabkrallen die
Erde aufzuwühlen.

Die Worte seines Vaters fielen ihm wieder ein –
dass es das Allerwichtigste war, der weisen Eiche
die Treue zu halten. Sogar noch wichtiger als der
Dienst in Rostas Leibwache.

„Worauf wartest du noch? Wir brauchen
Verstärkung!", fauchte Scharfzahn ungeduldig.

Pip flitzte los.

*Es ist vollbracht. Ich habe den Geschöpfen
meines Waldes eine letzte Eichel geschenkt –
eine letzte Chance.
Nun wird es Zeit für ein allerletztes Geschenk.
Im Dämmerlicht spüre ich ein kaum merkliches
Vibrieren, unzählige winzige Kraftwellen,
hauchzarte Lebenszeichen. Ich rufe die kleinsten
Geschöpfe zu mir, jene mit gepanzerten Leibern
und geäderten Flügeln. Die Netzspinner und
Wabenbauer, die Insekten des Waldes.
Und hier kommen sie schon: mit surrenden
Flügeln und unzähligen trippelnden Füßchen.
Die übrigen Geschöpfe werden sich ihnen
anschließen. Dann können sie meine allerletzte
Botschaft empfangen, bevor mich die Dunkelheit
endgültig verschluckt.*

7. Kapitel
Das Dunkle Volk

„SOFORT AUFHÖREN!", rief Rosta, als Pip und
sie am See eintrafen.

Wiesel, Dachse und Kaninchen scharrten überall
die Erde auf, während Scharfzahn mit saurer
Miene zusah.

Rosta lief am Baumstamm herunter und baute
sich mit peitschendem Schwanz vor dem
Anführer der Dachse auf. Pip, Moss und Griesel
standen hinter ihr und sträubten drohend
das Fell.

Der große Dachs nahm die Schnauze aus dem Loch, das er gerade grub.

„Verschwindet!", sagte Rosta energisch.

„Nicht ohne die Eichel!", knurrte der Dachs.

„Ich habe dich gewarnt ..." Rosta wandte sich zu ihrer Leibwache um. „Angriff!"

„Ihr habt sie gehört", rief der Anführer der Dachse. „Tod den Eichhörnchen!"

Pip zögerte nicht. Als ein großes braunes Kaninchenweibchen, das ein zerfetztes Ohr hatte, auf ihn losging, duckte er sich tief und hob abwehrend die Krallen.

Rosta und Moss stürzten sich auf den Anführer der Dachse. Im selben Augenblick sprang das braune Kaninchen Pip an.

Er reagierte geistesgegenwärtig und zielte auf die Augen der Angreiferin. Als sie zur Seite sprang, verhakten sich seine Krallen in ihrer Schulter und rissen ihr dicke Fellbüschel aus. Mit einem Schmerzens- und Wutschrei wich sie zurück.

Überall ertönten jetzt Knurren und Fauchen, als die Eichhörnchen und die Tiere des Dunklen Volks erbittert miteinander kämpften. Die Luft war von Blutgeruch erfüllt.

Pip duckte sich wieder, doch bevor er seine Gegnerin anspringen konnte, machte sie selbst einen Satz und trat mit den kräftigen Hinterläufen nach ihm. Er konnte sich gerade noch zur Seite werfen, sodass ihre Krallen ins Leere trafen. Sein Herz schlug zum Zerspringen. Das Kaninchen drehte sich um und umkreiste ihn knurrend und mit tückisch funkelnden Augen.

Plötzlich fiel sein Blick auf eine Dächsin, die hinter dem Kaninchen die Erde beschnüffelte – gefährlich nah an der vergrabenen Eichel.

Wag es ja nicht!, dachte er grimmig.

Pip spannte die Hinterläufe an und sprang der Dächsin mit einem großen Satz auf den Rücken. Ehe sie reagieren konnte, stieß er sich wieder ab, landete direkt vor ihr und verstellte ihr den Weg zur Eichel.

Als er fauchend die Zähne bleckte, stellte sich die Dächsin auf die Hinterbeine. Sie überragte ihn bei Weitem und er musterte rasch ihren Bauch. Wo konnte er am besten die Zähne hineinschlagen? Doch da übertönte lautes, vielstimmiges Gekläff den Kampflärm und Pip stieg ein unverwechselbarer Geruch in die Nase.

Füchse!

Die Dächsin ließ sich auf die Pfoten fallen, ihr Blick war triumphierend. Es wurde still und alle drehten sich um.

Ein großes Fuchsrudel – vielleicht waren es sogar sämtliche Füchse des Waldes – kam mit gefletschten, weiß schimmernden Zähnen zwischen den Bäumen hervor.

Der Anführer der Dachse bäumte sich jäh auf und warf Rosta und Moss einfach ab.

„Da kommen unsere Verbündeten!", knurrte er.

„Wir vom Dunklen Volk halten zusammen. Ihr könnt uns nicht besiegen. Ergebt euch oder ihr müsst alle sterben!"

Die Füchse trabten auf und ab, liefen mit steif
ausgestreckten Schwänzen umeinander herum.
Ihre goldbraunen Augen blickten verschlagen,
forderten die Eichhörnchen zum Kampf heraus.
Rosta kam wieder auf die Pfoten und richtete
sich hoch auf. Sie blutete aus einer Wunde auf
der Brust, die aber nicht tief war. Doch obwohl
ihre Miene hassverzerrt war, ließ sie die
Barthaare hängen. Pip begriff, dass sie nachgeben
würde.

„Ich hab was gefunden!", rief da ein kleines
Kaninchen und stampfte mit dem Hinterlauf auf.
Der Anführer der Dachse lief sofort hin, grub
die Eichel aus und hielt sie hoch. Erdklümpchen
fielen von ihr ab, doch die glänzende Oberfläche
war unversehrt.

Pip war fassungslos. Sein Kampfgeist verflog
schlagartig.

Höhnische Siegesrufe erschollen.

„Jetzt pflanzen *wir* die neue Hüterin ein und ihr
Eichhörnchen werdet sie nie mehr wiederfinden!",

verkündete der Anführer der Dachse. „Euer Volk wird zugrunde gehen!"

Damit verschwanden Dachse, Füchse, Wiesel und Kaninchen zwischen den Bäumen. Pip sah ihnen bestürzt nach. Dann riss er sich zusammen.

„Wollen wir ihnen nicht folgen?", fragte er.

„Die Füchse würden uns totbeißen", entgegnete Rosta. „Wir brauchen erst einen Plan."

„Woher haben sie überhaupt gewusst, dass wir die Eichel haben?", kam es von Moss. Der kräftige Leibwächter ließ bedrückt die breiten Schultern hängen.

„Bestimmt hat Pip geplaudert", knurrte Scharfzahn. „Er ist eben doch ein Verräter wie sein Vater."

„Das ist nicht wahr!", protestierte Pip. „Ich würde Rosta niemals hintergehen!"

Rosta sah vom einen zum andern, ihr Schwanz zuckte. „Das spielt jetzt keine Rolle", sagte sie schließlich. „Nur die Eichel zählt. Das Dunkle Volk ist in der Übermacht, Kämpfen hat keinen Zweck.

Wir müssen herausfinden, wo sie die Eichel hinbringen, und sie uns zurückholen." Sie wandte sich an ihre Leibwächter. „Los! Sucht den Wald ab!"

Die Eichel war das Wichtigste, was es gab – und man hatte sie ihnen weggenommen. Pip schwor sich, sie zurückzuerobern und damit zu beweisen, dass er kein Verräter war.

Als er über vertrocknete Pflanzen und vermoderndes Laub huschte, witterte er immer wieder aufmerksam. Roch es nach Dachsen oder Füchsen? Rosta hatte auch alle übrigen Eichhörnchen auf die Suche nach der Eichel geschickt. Nur die Alten und Schwachen sowie Mütter mit kleinen Kindern waren bei den Kobeln geblieben. Alle übrigen hatten sich über den ganzen Wald verteilt, sodass Pip allein unterwegs war. Er nahm sich vor, erst

umzukehren, wenn er jeden Winkel abgesucht
hatte.

Durch das Blätterdach über ihm fiel trübes Licht,
und durch die Lücken zwischen den Zweigen sah
er, dass Wolken den Himmel verdunkelten.

Sehr schön!, dachte er. Regen können wir gut
gebrauchen.

Alle Wasserstellen, an denen er vorbeikam, waren
bis auf den rissigen Grund ausgetrocknet. Die
Luft war stickig, seine Kehle so ausgedörrt, dass
sie brannte. Er musste dringend zum See und
etwas trinken.

Auf dem Weg durch den drückend heißen Wald
blickte er angespannt auf den Boden und hielt
Ausschau nach Tatzenspuren oder aufgescharrter
Erde.

Schließlich kam er am See an. Das Schilf
raschelte, als er hindurchschlüpfte. Es war
genauso vertrocknet wie alle anderen Pflanzen.
Pip erklomm einen der großen Steine
am Ufer.

Doch als er diesmal nach unten schaute,
entfuhr ihm ein Schreckenslaut. Alles Wasser war
verschwunden, nur noch schwärzlicher Schlamm
und faulige Algen bedeckten den Grund des Sees.
Zum Glück entdeckte er ein zusammengerolltes
welkes Blatt, in dem sich ein letzter bräunlicher
Schluck gesammelt hatte.
Besser als nichts!, sagte er sich.
Pip beugte sich weit vor und machte den Hals
ganz lang, kam aber nicht an das kostbare Nass
heran. Daraufhin stellte er die Vorderpfoten in
den Schlamm, beugte sich wieder weit vor …
Er rutschte aus, kippte um und landete mit einem
schmatzenden Geräusch im Matsch. Als er sich
hochrappelte, ärgerte er sich über sich selbst
und rümpfte die Nase. Stinkender schwarzer
Schlamm tropfte von seinem Fell. Nachdem er
das schleimige Wasser getrunken hatte,
kletterte er wieder ans Ufer.
Igitt!, dachte er, als er an sich heruntersah.
Andererseits überdeckt der Gestank vielleicht

meinen eigenen Geruch … Hauptsache, niemand
hatte beobachtet, wie tollpatschig er sich
angestellt hatte.

Plötzlich raschelte es hinter ihm und er fuhr
herum.

„Ich nehme auch gern mal ein Bad", sagte eine
fröhliche Stimme, die einem Weibchen gehören
musste. „Allerdings bevorzuge ich sauberes
Wasser."

Aus einem Busch blickten dunkle Augen zu
ihm herüber. Sonst konnte er nur schwarze
Federn und einen krummen schwarzen Schnabel
erkennen.

Eine Krähe!

8. Kapitel
Die Krähe

Die Krähe deutete mit dem Schnabel auf
den See.

„Sauberes Wasser ist heutzutage selten", krächzte
sie. „Und das, was du suchst, findest du hier
sowieso nicht." Sie lachte heiser.

„Woher weißt *du* denn, was ich suche?", fragte
Pip argwöhnisch.

„Ich hab doch Augen im Kopf", gab die Krähe
zurück. „Du suchst das Gleiche wie alle deine
Artgenossen. Eine Eichel."

Pips Ohren kribbelten hoffnungsvoll. „Kann schon sein", entgegnete er zurückhaltend.
„Sag ich doch!"
Er sprang instinktiv zurück, als die Krähe jetzt unter dem Busch hervorgehüpft kam und sich so zu ihm hindrehte, dass sie ihm einen ihrer schwarz glänzenden Flügel zuwandte. Eine sonderbare leuchtend blaue Ranke hatte sich fest um ihre Flugfedern geschlungen. Pip musste an die Farben beim Bau der Menschen denken.
„Ich dachte, vielleicht können wir uns gegenseitig helfen", sagte die Krähe, spreizte den Flügel unbeholfen ab und hackte nach der blauen Ranke, kam aber nicht richtig heran. „Ich krieg das hier nicht ab und so kann ich nicht fliegen." Sie schaute zu Pip hoch. „Wenn du mich davon befreist, verrate ich dir, wo die Dachse die Eichel hingebracht haben." Sie legte den Kopf schief.
Pip betrachtete die Ranke. Sie zu entwirren, würde nicht schwer sein, und notfalls konnte er sie bestimmt durchnagen. Davon abgesehen

hatte er noch nie gehört, dass eine verletzte Krähe ein Eichhörnchen gefressen hätte.

„Abgemacht", sagte er.

„Ich bin übrigens Kora." Die Krähe spreizte den Flügel wieder ab. „Die klügste Krähe im Wald." Sie plusterte sich auf, doch ihre Augen schimmerten plötzlich feucht. „Genau genommen die einzige Krähe im Wald."

Pip packte das blaue Rankengewirr mit den Pfoten und machte sich daran, es abzuwickeln.

„Sag Bescheid, wenn ich dir wehtue."

„Keine Sorge", gab die Krähe zurück. „Ich bin zäh wie Baumrinde. Das muss ich auch sein, denn alle anderen Vögel sind weg. Jetzt muss ich allein klarkommen. Ich wäre ja mitgeflogen, aber ich bin sozusagen an den Wald gefesselt, wie man sieht." Sie zwinkerte Pip schelmisch zu und er bewunderte, wie tapfer sie war. Ihre Federn waren zerknickt, sie musste Schmerzen haben. Entschlossen biss er eine blaue Schlinge durch, worauf sich die übrigen ein bisschen lockerten.

„Ahhh!", machte Kora. „Schon viel besser!"

„Haben die anderen Vögel den Wald verlassen, weil die Hüterin stirbt?", fragte Pip.

„Nicht direkt. Uns war schon länger klar, dass es nicht gut um uns steht. Du hast es ja selbst gemerkt." Sie zeigte auf Pips schlammverklebtes Fell. „Der Wald verdurstet. Wenn es kein Wasser gibt, gibt es auch keine Würmer, keine saftigen Beeren und nichts zu trinken. Und bald auch keine Bäume mehr."

Pips Anspannung ließ allmählich nach. Eigentlich schien die Krähe ganz nett zu sein. Er hatte sich noch nie richtig mit einem Vogel unterhalten und Kora roch zwar ungewohnt, aber nicht unangenehm.

Was sie dagegen über den Wald sagte, jagte ihm einen Schrecken ein. Ohne Wasser kann unser Wald nicht überleben – ganz gleich, was wir tun, dachte er. Ganz gleich, ob wir die Eichel einpflanzen oder nicht ...

Nachdem er noch zwei blaue Schlingen

durchgenagt hatte, wickelte er die letzte mit
den Pfoten ab.

„Bitte sehr!" Er trat ein Stück zurück.

Kora schlug probehalber mit ihren beiden
Flügeln.

„Wunderbar!", sagte sie, aber Pip entging nicht,
dass sie den verletzten Flügel immer noch
nicht richtig abspreizen konnte und dass die
Federn ganz zerdrückt waren.

„Kannst du denn damit fliegen?"

Sie zupfte mit dem Schnabel an den beschädigten
Federn herum. „Auf jeden Fall ein Stück flattern.
Ich gewöhne mich bestimmt dran. Irgendwie
wird es schon gehen."

Wie lange würde es dauern, bis sie einem
hungrigen Räuber zum Opfer fiel? Sie mochte ja
zäh sein, doch mit einem Fuchs konnte sie es
nicht aufnehmen.

„Egal", sagte Kora rasch. „Kommen wir wieder zu
der Eichel. Die Dachse haben sie in einen ihrer
Baue gebracht. Er liegt unter der höchsten Buche

im Wald, und die Eichel ist nicht weit vom Eingang versteckt."

Pip staunte. Dass sie so genaue Angaben machen konnte, hatte er nicht zu hoffen gewagt.

Jetzt kann ich beweisen, dass ich kein Verräter bin!, dachte er. Wenn ich Rosta die Eichel zurückbringe, können wir sie wieder einpflanzen.

„Was ist?", krächzte Kora. „Du könntest dich wenigstens bedanken."

„Danke!", rief Pip überschwänglich und im selben Augenblick hallten Donnerschläge durch den Wald. Die ersten dicken Regentropfen platschten auf den ausgedörrten Boden. „Und der Wald muss doch nicht verdursten!"

Der Regen prasselte jetzt kräftig herab und ein großer warmer Tropfen zerplatzte auf Pips Kopf. Dann ein zweiter.

Er schüttelte das Wasser aus seinen Barthaaren, legte den Kopf in den Nacken und fing ein paar Tropfen mit der Zunge auf. „Bald hat sich der See wieder gefüllt!"

„Kann sein." Kora plusterte sich wieder auf, um nicht durchnässt zu werden.

„Glaubst du nicht?"

Sie schüttelte sich, dass es nur so spritzte. „Wir werden ja sehen." Dann verpasste sie ihm mit dem gesunden Flügel einen Stups. „Musst du deiner Sippe nicht langsam mal Bescheid sagen, wo die Eichel ist?" Damit breitete sie beide Flügel aus und flog davon – wenn auch ziemlich schief.

Pip erklomm den nächsten Baum. Der feuchte Waldboden duftete herrlich und der Regen hatte sein schlammiges Fell schon fast wieder sauber gewaschen. Als er zwischen den tropfenden Zweigen hindurchschlüpfte, malte er sich aus, wie Rosta die Neuigkeit aufnehmen würde.

Bestimmt vertraut sie mir dann wieder, sagte er sich. Vielleicht darf ich sogar mitkommen, wenn wir uns die Eichel zurückholen!

Doch dann vergaß er Rosta und die Eichel, denn ihm fiel plötzlich auf, dass jeder Ast und jeder Stamm, auf den er sprang, voller Insekten war.

Ameisen und Käfer, Spinnen und Tausendfüßler, alle krabbelten in langen Reihen an den Bäumen herab. Als er durch die Blätter nach unten spähte, traute er seinen Augen nicht. Ein Strom von Insekten wogte durch den Regen, und über ihnen schwirrten Schmetterlinge, Nachtfalter und Libellen. Alle strebten in dieselbe Richtung.

Sie wollten zur weisen Eiche!

Dann entdeckte er auch Waldmäuse und Spitzmäuse. Sie kamen aus ihren Löchern, schüttelten staunend die Köpfe und schlossen sich der durchweichten Prozession an.

Anscheinend hatte der Baum sie gerufen.

Pip schöpfte neue Hoffnung. Vielleicht würde die Eiche sie ja wissen lassen, dass alles doch noch in Ordnung kommen würde. Zum ersten Mal seit einer Ewigkeit regnete es wieder. Vielleicht musste der Baum ja doch nicht sterben. Vielleicht hatte die Eichel nichts zu bedeuten. Vielleicht bekriegten sich die Waldvölker ganz umsonst.

Auf einmal sehnte sich Pip nur noch nach Frieden.

9. Kapitel
Blitz und Donner

Unterwegs rutschten seine Krallen immer
wieder von den nassen Ästen ab und er musste
die Augen gegen den peitschenden Regen
zusammenkneifen. Sooft er sich auch schüttelte,
er wurde nass bis auf die Haut und war im Nu
durchgefroren.
Welke Blätter flogen umher und trudelten auf die
ausgedörrte Erde, über die das Wasser in breiten
Bächen strömte. Die Insektenscharen, die zur
Lichtung der Hüterin unterwegs waren, mussten

über Steine und abgefallene Äste krabbeln, um nicht zu ertrinken.

Als die Lichtung in Sicht kam, fiel Pip auf, dass auch viele andere Bäume ringsum dunkle Schimmelflecken aufwiesen, und seine hoffnungsvolle Stimmung wich einer beklemmenden Furcht. Trotzdem beeilte er sich. Er musste wissen, was los war – auch wenn es nichts Gutes bedeutete.

Aufgeregte Rufe übertönten den Donner und das Regengeprassel. Es roch nach Angst.

So gut wie alle vierbeinigen Tiere des Waldes hatten sich um die Eiche versammelt und zwischen ihnen war der Boden mit Insekten übersät. Die mächtige Eiche sah noch verheerender aus als vorher. Ihre dicke Rinde schälte sich in großen Stücken ab und gab das schwarz vermoderte Holz darunter frei.

Pip entdeckte im Gedränge Rosta und die anderen Eichhörnchen und gesellte sich rasch zu ihnen.

Mux stand ganz hinten in der Gruppe. Das klatschnasse Fell klebte ihm am Körper, er wirkte noch schmächtiger, als er ohnehin war.

„Was ist denn hier los?", wandte sich Pip an seinen Freund.

„Keine Ahnung." Mux' Stimme zitterte. „Wir sind den Insekten gefolgt. Rosta meinte, dass die Eiche bestimmt eine Botschaft für uns hat."

„Ich muss Rosta etwas erzählen", sagte Pip gedämpft. „Etwas, das den Wald retten könnte."

Doch als er sich zu der Anführerin durchdrängeln wollte, stellte Scharfzahn sich ihm in den Weg.

„Was hast du vor?", knurrte das ältere Männchen.

„Ich muss Rosta sprechen."

Scharfzahn wich nicht von der Stelle, aber Rosta hatte Pip schon gesehen.

„Was gibt's, Pip?", rief sie. „Lass ihn durch, Scharfzahn."

Der Leibwächter verzog ärgerlich das Gesicht, trat aber beiseite.

Pip dämpfte wieder die Stimme. „Ich glaube, ich weiß, wo die Eichel ist."

Rosta machte große Augen und beugte sich gespannt vor. „Wo denn? Erzähl all–"

Ein dröhnender Donnerschlag schnitt ihr das Wort ab und ein Blitz zuckte über die Lichtung. Pip bekam einen Riesenschreck und auch die anderen Tiere stießen Angstlaute aus. Sogar die Füchse duckten sich.

Im nächsten Augenblick leuchtete die Lichtung grellweiß, als ein zweiter, noch hellerer Blitz den Himmel zerriss. Bevor er wieder erlosch, erspähte Pip ein weißes Flügelpaar, das aus der Krone der Eiche aufflatterte. Die Eule! Doch als es wieder dunkel wurde, war der große Vogel verschwunden.

Ein dritter Blitz fuhr herab, als hätte ihn eine riesige Tatze auf die Lichtung geschleudert. Er traf die Eiche. *BUMMM!* Der folgende Donnerschlag war ohrenbetäubend und die entsetzten Tiere mussten mit ansehen, wie der Baum Feuer fing.

Die trockenen Zweige standen im Nu in
Flammen und loderten so hell, dass Pip seine
Augen mit dem Schwanz beschirmen musste.
In das schaurige Knistern und Knacken
mischten sich wieder die Schreckensschreie
der Tiere.
„Lauft weg!", rief Rosta.
Doch als Pip gehorchen wollte, machte es laut
KNACK! und er blickte unwillkürlich nach oben.
Ein geschwärzter Ast kam auf ihn herabgesaust.
Pip konnte nicht mehr ausweichen.
Dann explodierte ein unerträglicher Schmerz in
seinem Schädel und vor seinen Augen tanzten
schwarze Punkte. Er nahm noch undeutlich wahr,
wie er zu Boden ging, und obwohl er sich Mühe
gab, die Augen offen zu halten, schlug die
Dunkelheit über ihm zusammen.

*Sein Atem ging in abgerissenen Stößen. Er
rannte mit großen Sätzen quer über eine Wiese.
Goldenes Sonnenlicht umflutete ihn, im Maul*

hielt er die Eichel. Und vor ihm flog die weiße Eule …

Pip drehte sich nicht mehr um. Er musste den Wald so weit hinter sich lassen, wie es nur ging.

Pip fand sich am Boden liegend wieder, und sein Kopf schmerzte zum Zerspringen. Die Luft war von beißendem Aschegeruch erfüllt, und ihm war so kalt, dass er zitterte. Um ihn herum zerplatzten dicke Regentropfen auf der Erde, und als er die Augen öffnete, blendete ihn das kalte graue Licht.

Er horchte in sich hinein. War er ernsthaft verletzt? Anscheinend nicht … Aber er hielt etwas in den Pfoten. Ein Blatt.

Stöhnend wälzte er sich auf die Seite und sah neben sich einen geschwärzten Ast liegen.

Seine Erinnerung kehrte zurück, und als er sich aufrichten wollte, wurde ihm schwindlig.

Sobald der Schwindel nachließ, hockte er sich auf die Hinterläufe und schaute sich um. Die

Lichtung war mit schlammigen Pfützen übersät,
in denen schwarze abgebrochene Zweige lagen.
Sämtliche Tiere waren fort.

Er war allein.

Doch das Schlimmste war, dass die Hüterin in
zwei rußige Hälften gespalten war. Die Hälften
waren hohl – das Feuer hatte das Mark verzehrt.

Pip betrachtete das welke Blatt in seinen Pfoten.
Es war ein Eichenblatt ... Sein Traum fiel ihm
wieder ein.

Das war kein Traum, dachte er. Das war eine
Vision, die mir die Hüterin gesandt hat! Aber
ich hatte ihr doch gar keine Frage gestellt ...

Er rieb sich die Stirn. Was hatte das alles bloß
zu bedeuten?

Nachdem er das Blatt behutsam vor den leblosen
Stamm gelegt hatte, trat er den Heimweg an.

Er kam nur langsam voran, weil ihm alles wehtat,
und er nahm kaum wahr, wo er die Pfoten
hinsetzte. Der Regen rauschte immer noch herab,
färbte die Baumrinde schwarz und tropfte von

den Blättern, aber immerhin war der Donner
verstummt.

Als er das Buchengehölz erreichte, schüttelte er
sich erst einmal kräftig und versuchte, sich zu
sammeln. Dann lief er zu Rostas Kobel, wo sich die
übrigen Eichhörnchen bereits eingefunden hatten.
Rosta stand auf ihrem angestammten Ast und
Pip gesellte sich schnell zur Leibwache. Die
Haltung der Anführerin verriet, wie angespannt
sie war, ihr Schwanz zuckte hin und her.
Scharfzahn, Mux, Moss und Farna wechselten
nervöse Blicke.

Doch als Rosta Pip erblickte, hellte sich ihre
Miene schlagartig auf. „Da bist du ja!", rief
sie. „Wir haben dich schon überall gesucht." Sie
beugte sich vor und ihre Augen flackerten
begierig, beinahe fiebrig. „Jetzt kannst du uns
endlich berichten, wo die Eichel ist! Das Dunkle
Volk soll für seine Untaten büßen. Wir werden
die Eichel wieder einpflanzen und diesmal wird
kein anderes Tier sie uns wegnehmen! Wir

Eichhörnchen übernehmen die Macht im Wald und vertreiben die elenden Dachse. Die Füchse und Kaninchen auch – und alle anderen, die sich uns widersetzen!"

Pip sah sie ungläubig an. Aber ... aber die Hüterin ist für alle Tiere des Waldes da!, dachte er. Nicht nur für uns Eichhörnchen. Hatte Rosta nicht neulich selbst etwas Ähnliches gesagt?

„Heraus mit der Sprache!", drängte die Anführerin, und Pip musste sich beherrschen, um nicht zurückzuweichen.

Ihm war nicht wohl in seiner Haut – gar nicht wohl. Hilflos schaute er in die Runde. Kora hatte behauptet, dass der Wald verdursten würde, und die Eiche hatte ihm vor ihrem Tod eine allerletzte Vision geschenkt.

Der Wald liegt im Sterben, schoss es ihm durch den Kopf. Ich muss der weißen Eule folgen.

Die Eichel gehört nicht hierher, ich muss sie wegbringen.

Schließlich stotterte er: „Ich ... äh ... mein Kopf!

Ich kann mich an nichts mehr erinnern. Als ich ohnmächtig geworden bin, habe ich alles vergessen. Ich weiß nicht mehr, wo die Eichel ist. Tut mir leid, Rosta. Vielleicht haben die Kaninchen sie ja in ihren Bau verschleppt und wir schauen dort mal nach?"

„Du *musst* dich erinnern!", fauchte Rosta aufgebracht. „Alles hängt davon ab, dass wir die Eichel wieder in unseren Besitz bringen. Sieh mir in die Augen und sag mir, wo sie ist!" Sie packte ihn unsanft an den Schultern und schüttelte ihn. Pip bekam Angst, zwang sich aber, ihrem Blick standzuhalten. „Es tut mir wirklich leid." Er machte sich los. „Ich weiß es einfach nicht mehr." Der Anführerin entfuhr ein dumpfes Knurren. „Du bist nicht mehr mein Leibwächter! Ab in deinen Kobel und denk nach. Wenn dir wieder einfällt, wo die Eichel ist, überlege ich es mir vielleicht noch mal. Bis dahin ..." Sie richtete sich zu voller Höhe auf. „Bis dahin geh mir aus den Augen!"

10. Kapitel
Im Dachsbau

Als Pip in seinem moosgepolsterten Kobel
erwachte und nach draußen spähte, sah alles grau
und trostlos aus. Weil sein Fell immer noch nass
war, fror er, und das dumpfe Pochen in seinem
Kopf vermischte sich mit dem unaufhörlichen
Geprassel des Regens.
Er dachte an alles, was bis jetzt geschehen
war, und überlegte, was er als Nächstes tun
sollte.
Mein Vater hat gesagt, ich schulde der weisen

Eiche meine Treue. Aber was bedeutete das jetzt, wo der Baum gestorben war?

Die Dachse haben die Eichel geraubt, und ich bin kein Leibwächter mehr, dachte er geknickt. Jetzt muss ich allein entscheiden und handeln.

Und wenn Kora recht hat und der Wald tatsächlich verdurstet, muss ich etwas unternehmen …

Da erschien Mux' regennasser Kopf im Eingang und Pip machte ihm rasch Platz, damit er hereinkommen konnte.

„Ich bin so froh, dass du nicht ernstlich verletzt bist", sagte Mux. „Das war echt knapp. Geht's denn wieder?"

Pip nickte. „Aber warum seid ihr alle verschwunden und habt mich zurückgelassen?"

Mux wandte verlegen den Blick ab. „Weil wir dich nicht finden konnten", entgegnete er dann lahm. „Aber Hauptsache, du lebst! Was ist denn auf der Lichtung passiert?"

Sollte er es seinem Freund erzählen? Vielleicht
half ihm das ja, das Erlebte besser zu begreifen.
„Na ja … als mich der abgebrochene Ast
getroffen hat, war ich kurz ohnmächtig", fing er
an und die Kopfschmerzen wurden sofort wieder
stärker. „Aber irgendwie habe ich trotzdem ein
Blatt der Hüterin gefangen. Es hat mir eine Vision
geschenkt. Ich habe mich selbst gesehen, wie ich
mit der Eichel im Maul über eine Wiese gelaufen
bin, immer hinter einer weißen Eule her …" Ihm
entging nicht, dass Mux ein verständnisloses
Gesicht machte. „Ich glaube, die Hüterin wollte
mir damit sagen, dass ich die Eichel vom Wald
wegbringen soll."
„Aber wozu? Wenn keine neue Hüterin
nachwächst, gibt es unseren Wald doch bald
gar nicht mehr."
„Schon … Ich verstehe es ja selber nicht. Aber
ich habe die Eule wiedererkannt. Sie hat mir
schon einmal geholfen."
„Ist ja eigentlich auch egal", meinte Mux.

„Solange wir nicht wissen, wohin die Dachse die Eichel verschleppt haben, können wir sowieso nichts machen."

Pip seufzte. „Aber ich weiß es ja."

„Wie bitte?!" Mux machte große Augen. Dann sah er sich ängstlich um, als könnte man sie belauschen. „Aber Rosta hast du doch erzählt, dass ..."

„Ja, ja", fiel Pip seinem Freund ins Wort, „und ich habe deswegen auch ein ganz schlechtes Gewissen. Aber du hast doch gehört, dass sie die Kaninchen und Dachse aus dem Wald vertreiben will. Das würde die Hüterin bestimmt nicht gutheißen. Inzwischen habe ich noch mal über meine Vision nachgedacht. Der Wald verdurstet – und ohne Wasser kann auch keine neue Hüterin nachwachsen. Vielleicht soll ich die Eichel deshalb woanders hinbringen."

Mux nickte bedächtig. „Klingt einleuchtend. Aber woher weißt du, dass dir die Hüterin diese Vision geschickt hat? Vielleicht hast du ja während

deiner Ohnmacht wirres Zeug geträumt. Wenn du
dich irrst, vernichtest du womöglich unsere letzte
Hoffnung, dass sich der Wald wieder erholt."

„Ich … ich *weiß* einfach, dass die Vision von
der Hüterin kam." Pip merkte selbst, dass er nicht
überzeugend klang.

Mux sah wieder ängstlich aus. „Rosta erlaubt dir
niemals, die Eichel aus dem Wald wegzubringen",
sagte er im Flüsterton.

„Ich kann sie nicht um Erlaubnis bitten. Ich muss
die Eichel allein zurückholen." Pip kam ein
Gedanke und er sah Mux hoffnungsvoll an. „Du
bist mein bester Freund. Du hast mich sogar zum
Bau der Menschen begleitet. Würdest du mir
auch jetzt wieder helfen?"

„Wo ist die Eichel denn nun?", gab Mux zurück.

„In einem Dachsbau unter der höchsten Buche
im Wald."

Mux' Barthaare zuckten nervös, er schob sich
rückwärts in Richtung Eingang. „Der Bau der
Menschen ist nicht mit einem Dachsbau zu

vergleichen, Pip! Wir Eichhörnchen können uns genauso wenig unter die Erde begeben, wie wir fliegen können. Hast du schon vergessen, was mit Zirp passiert ist?" Er schauderte. „Tut mir leid, aber was du da vorschlägst, ist einfach zu gefährlich. Selbst wenn das Überleben des Waldes davon abhinge, würde ich keine Pfote in einen Dachsbau setzen!"

Pips Zuversicht verflog. Er machte Mux keinen Vorwurf, sein Freund war einfach von Natur aus furchtsam. Aber konnte man Mut nicht lernen? Er gab sich einen Ruck. „Du hast recht. Ich nehm's dir nicht übel, dass du nicht mitkommen willst. Es geht um Leben oder Tod – und zwar für den ganzen Wald. Und darum muss ich es wenigstens versuchen. Ich bin der Letzte, dem die sterbende Hüterin eine Vision gesandt hat – da kann ich nicht einfach so tun, als wäre nichts gewesen."

Mux schüttelte nur stumm den Kopf und wich noch weiter zurück, aber Pip war sich seiner

Sache auf einmal vollkommen sicher. Das
Überleben des ganzen Waldes hing allein von
ihm ab. Er musste die Eichel zurückerobern,
ob ihm nun jemand dabei half oder nicht.

Kurz darauf saß er auch schon auf der
höchsten Buche im Wald. Weil es immer noch
regnete, erkannte er den dunklen, mit welkem
Laub bedeckten Erdhügel unter sich nur
verschwommen.
Das musste der Dachsbau sein.
Tatsächlich schob jetzt ein Dachs die dunkle
Schnauze aus der Öffnung und schlüpfte ins Freie.
Dann streckte er sich gähnend und riss dabei
das Maul so weit auf, dass Pip all seine Zähne
sah. Es überlief ihn eiskalt.
Als der Dachs davongetappt war, huschte Pip an
der Buche herunter. Dabei hielt er sich auf der
vom Bau abgewandten Seite und lugte erst um

den Stamm herum, als er schon dicht über dem Boden war.

Im Eingang zeigten sich zwar keine weiteren Dachse, aber ein strenger Geruch verschlug ihm den Atem. Als er neben dem Bau eine flache, mit stinkendem schwarzem Kot gefüllte Grube entdeckte, musste er an sein unfreiwilliges Schlammbad denken.

Vielleicht konnte er ja wieder seine eigene Witterung überdecken.

Kurz entschlossen sprang er in die Grube und wälzte sich ein paarmal darin. Erst als er herauskletterte, stieß er den angehaltenen Atem wieder aus. Sofort wurde ihm von seinem eigenen Gestank schwindlig und übel, aber er wartete, bis es vorbeiging, und huschte weiter. Ein Eichhörnchen, das wie ein Dachs stinkt!, dachte er und musste innerlich lachen. Wenn Mux mich so sehen könnte!

Doch als ihm die Warnungen seines Freundes wieder einfielen, verging ihm das Lachen. Vor

dem Dachsbau machte er halt und spitzte die Ohren. Trotz seines eigenen Gestanks witterte er, dass der Bau besetzt war, aber drinnen rührte sich nichts.

Doch die Zeit drängte. Er nahm all seinen Mut zusammen und schlüpfte durch die Öffnung. Erstickender Gestank schlug ihm entgegen. Im Zwielicht erkannte er, dass sich über seinem Kopf Erde wölbte, und der von langen Krallen aufgescharrte Gang führte steil in eine Dunkelheit hinab, die schwärzer war als jede Nacht.

Pip rang panisch nach Luft. Wie konnte man bloß so leben?

Er riss sich zusammen und zwang sich, tief und gleichmäßig zu atmen. Die Eichel ist nicht weit vom Eingang versteckt, hatte Kora gesagt. Hoffentlich musste er nicht so tief hinunter …

Mit zuckender Nase schlich er weiter und horchte dabei auf jedes noch so kleine Geräusch. Bald verblasste das Zwielicht und um ihn herum wurde es undurchdringlich finster. Der Gestank war

überwältigend, aber zu hören war immer noch nichts, und auch die Luft im Gang war unbewegt, das spürte er an den Barthaaren.

Tapfer setzte er eine Pfote vor die andere und blieb zwischendurch immer wieder lauschend stehen. Ab und zu streifte ihn ein schwacher Luftzug aus einem angrenzenden Gang, doch er lief weiter geradeaus.

Dann wurde die muffige Luft wärmer und er hörte Krallen scharren. Anscheinend kam er an einer bewohnten Höhle vorbei. Mit angehaltenem Atem schlich er weiter.

Als sich ein Stück vor ihm etwas rührte, blieb er wie angewurzelt stehen. Er konnte den Dachs wittern, und das Schlurfen des plumpen Tieres ließ seine Pfoten und Barthaare vibrieren. Der Dachs kam immer näher.

Pip schluckte und sah wieder einen abgetrennten Eichhörnchenschwanz vor sich. Weil er sich nirgends verstecken konnte, drückte er sich flach an die Wand.

Zum Glück hatten Dachse schlechte Augen, aber
Pips Herz schlug so laut, dass er unwillkürlich
fürchtete, der Dachs könnte es hören. Doch der
große Räuber tappte an ihm vorbei – so dicht,
dass sein fettiges Fell Pips Barthaare streifte.
Pip atmete erleichtert auf, hörte jedoch sofort,
wie ein noch schwereres Tier durch einen Gang
über seinem Kopf schlurfte. Instinktiv duckte
er sich und zuckte zusammen, als etwas – lose
Erde? – auf seinen Kopf herabhagelte.
Rums! Ein schwerer Brocken landete auf seinem
Rücken und von oben ertönte unwilliges
Grunzen. Lange Grabkrallen zerzausten sein Fell
und kratzten ihm die Haut auf.
Pip unterdrückte einen Aufschrei und presste
sich mit zugekniffenen Augen auf den Boden.
Doch schon hatte der Dachs über ihm seine Tatze
aus dem Loch befreit und trottete davon.
Als Pip endlich nicht mehr zitterte, schüttelte
er die Erdklumpen ab und zwang sich weiter-
zuschleichen.

Auf einmal wehte ihm kühlere Luft entgegen,
und als er prüfend witterte, nahm er einen
schwachen, aber wohlbekannten Nussgeruch war.
Die Eichel!
Er lief schneller und sein Herz klopfte jetzt eher
vor Freude als vor Furcht.
Dann wurde es vor ihm heller und der Gang
mündete in eine große Höhle. Die Decke bestand
aus ineinander verflochtenen Wurzeln, durch
die hier und dort Tageslicht drang, und auf einem
Laubhaufen in der Mitte der Höhle lag etwas
Rundliches, braun Glänzendes.
Da ist sie ja!, jubelte Pip innerlich.
Er rannte hin, aber als er die Eichel in die Pfoten
nehmen wollte, durchzuckte ihn ein brennender
Schmerz. Etwas hielt seinen Schwanz fest.
Plötzlich wurde er in die Höhe gerissen, sodass
er kopfüber in der Luft hing. Sein Schwanz
klemmte in den Zähnen eines Dachses!
Der Dachs knurrte bösartig, dann ließ er Pip
fallen. Doch als Pip sich aufrappeln wollte, stellte

der Dachs die schwere Hintertatze auf seine gepeinigte Schwanzspitze.

„Na, wolltest du die Eichel stehlen?" Es war das Weibchen mit den weißen Ohrspitzen, das auch bei dem Streit um die Bucheckern dabei gewesen war. Sie war noch jung – aber erwachsen genug, um zu töten.

Obwohl er fürchterliche Angst hatte, überlegte Pip fieberhaft. Er brauchte eine überzeugende Ausrede.

Hier unten kommt mir keine Eule zu Hilfe, dachte er. Hier bin ich auf mich gestellt.

Doch weil ihm nichts Besseres einfiel, rückte er schließlich mit der Wahrheit heraus.

„Das stimmt", sagte er piepsig.

„Ich hab's doch gewusst!" Die junge Dächsin fletschte die Zähne.

„Aber nur, weil mir die Hüterin vor ihrem Tod noch eine Vision geschickt hat!", fuhr Pip hastig fort. „Ich soll die Eichel aus dem Wald wegbringen."

Die Dächsin machte ein ungläubiges Gesicht.
„Das hat dir die Hüterin aufgetragen? Tolle
Ausrede!"
„Es ist die Wahrheit, ehr–" Aber die Dächsin
holte schon mit der Tatze aus.
Pip ging sofort zum Gegenangriff über und
zerkratzte ihr die Nase. Die überraschte Dächsin
wich zurück und gab seinen Schwanz frei. Doch
als Pip die Flucht ergreifen wollte, hörte er,
wie sich die Erde über seinem Kopf bewegte und
kleine Steine rieselten herab.
In der Höhle wurde es heller und die nächsten
Erdklumpen landeten zusammen mit einem
Wasserrinnsal auf dem dunklen Fell der Dächsin.
Sie knurrte erschrocken und duckte sich, als
nun eine wahre Lawine aus Erde und Steinen
auf sie herabprasselte. Die Höhlendecke stürzte
ein!
Pip kehrte rasch um, nahm die Eichel zwischen
die Zähne und kletterte am Wurzelgeflecht
der Höhlenwand empor, dem Licht entgegen.

„Hiergeblieben!", bellte die Dächsin und machte einen Satz auf ihn zu.

Doch Pip war schon oben, packte den Rand der Öffnung und zog sich hoch. Dann zwängte er sich zwischen den Wurzeln hindurch – und hatte es geschafft! Er war im Freien.

Als er den lädierten Schwanz nachzog, hörte er die Kiefer der Dächsin ins Leere schnappen.

Hätte er auch nur einen Augenblick gezögert, wäre er jetzt tot.

Benommen starrte er auf die rundliche Frucht, die vor ihm auf dem Boden lag. Er hatte die Eichel zurückerobert. Nun musste er den Wald verlassen.

11. Kapitel
Der Verräter

Mit der Eichel im Maul flitzte Pip durch den
Regen zu der hohen Buche hinüber. Auf einem
niedrigen Ast hielt er inne, um kurz zu
verschnaufen.

„Nanu!", ertönte es plötzlich und Scharfzahn
landete vor ihm. „Da habe ich wohl einen Dieb
ertappt!"

Pip nahm die Eichel rasch in die Pfoten. „Ich bin
kein Dieb! Ich tue nur, was getan werden muss."

„Schön gesagt." Auf einem Ast über ihm saß

Rosta. Ihr Ton war sanft, aber ihre Augen
funkelten gefährlich. „Gib die Eichel her, Pip.
Widerstand ist zwecklos."

Pip schlug das Herz bis zum Hals. Wie hatten sie
ihn entdeckt? Sein Blick glitt über die Baumkrone
und blieb an jemandem hängen.

Nicht weit von Rosta entfernt saß Mux. Er zitterte
am ganzen Leib.

Nein!, dachte Pip verzweifelt. Nicht du!

Dass sein Freund nicht besonders mutig war,
hatte Pip immer gewusst, aber für einen Verräter
hätte er ihn nie gehalten. Das konnte doch nicht
wahr sein, oder?

Auch Griesel und Moss schauten mit gebleckten
Zähnen auf Pip herab.

„Mux hat uns freundlicherweise von deinem
klugen Plan erzählt, die Eichel, die man uns
gestohlen hat, zurückzuholen", fuhr Rosta fort.

„Wir mussten ihn bloß ein bisschen überreden."
Mux schrie auf, als sie auf ihn zusprang und ihm
brutal die Krallen in die Schulter bohrte.

„Toll, dass du die Eichel zurückerobert hast",
redete Rosta weiter, „aber jetzt gib sie mir, damit
wir umkehren und sie irgendwo einpflanzen
können, wo sie in Sicherheit ist."
Mux blickte Pip betreten an. „Es tut mir
schrecklich leid", flüsterte er heiser.
Pip schluckte, dann sah er Rosta fest an. „Nein."
„Nein?", wiederholte sie fauchend.
„Ihr wollt mithilfe der Eichel die Herrschaft über
den Wald an euch reißen und die anderen Tiere
verjagen. Aber die Hüterin ist für alle da, das hast
du selbst gesagt."
„Tja, wer nicht hören will, muss fühlen", konterte
Rosta. „Leibwache!"
Moss und Griesel landeten mit einem Satz vor Pip.
„Vielleicht überlegst du es dir lieber noch mal?",
sagte Rosta, jetzt wieder in sanftem Ton.
Pip musterte die beiden kräftig gebauten Leib-
wächter. Beide hatten bereits Kampferfahrung,
Scharfzahn und Rosta selbst sowieso.
Wenn ich ihr die Eichel ausliefere, lässt sie mich

wahrscheinlich am Leben, dachte er. Dann könnte ich wieder ein ganz gewöhnliches Eichhörnchen sein … Aber dann würde ich die Hüterin enttäuschen und der Wald müsste sterben. Nein, es gibt kein Zurück mehr!

Pip nahm die Eichel zwischen die Zähne und holte im selben Augenblick mit den Krallen aus, als Moss sich auf ihn stürzte. Er hieb nach dem Gesicht seines Gegners, aber das ältere Eichhörnchen wehrte den Schlag gekonnt ab und ritzte ihm die Brust auf.

Pip wich zurück, verlor das Gleichgewicht und rutschte ab.

Als er auf einer harten Baumwurzel landete, blieb ihm die Luft weg, doch er ließ die Eichel nicht los. Er rappelte sich hoch, aber Scharfzahn und Rosta waren schon zu ihm heruntergesprungen und bauten sich mit peitschenden Schwänzen vor ihm auf.

„Rück sofort die Eichel raus!", keifte Rosta. „Wird's bald!"

Pip wollte wegrennen, doch auch Moss und Griesel waren von der Buche gesprungen und versperrten ihm den Weg.

Pip suchte verzweifelt nach einem Ausweg. Da ließ ihn ein lautes Knurren herumfahren. Aus dem Bau kam eine junge Dächsin. Sie legte die Ohren mit den weißen Puscheln an, stürzte sich auf Scharfzahn und versetzte ihm einen solchen Tatzenhieb, dass er durch die Luft flog. Dann wandte sie sich Rosta zu. Moss und Griesel warfen sich vor ihre Anführerin, aber die Dächsin fegte auch sie einfach weg.

Sie stellte sich vor Rosta, die plötzlich sehr klein wirkte, auf die Hinterbeine und riss die gestreifte Schnauze weit auf. Erst wurde Rosta vor Schreck ganz starr, dann floh sie in die Baumkrone. Ihre Begleiter folgten ihr. Nur Mux sah sich noch einmal kurz nach Pip um, dann verschwand auch er.

Pip stand allein da. Er blickte die Dächsin fragend an. „Du hast mir geholfen! Aber warum?"

„Weil du vorhin die Wahrheit gesagt hast." Sie schüttelte sich, damit ihr Fell wieder glatt anlag. „Ich habe dein Gespräch mit deinen Artgenossen belauscht. Du hast die Eichel nicht gestohlen, um sie eurer Anführerin zu bringen. Daraus schließe ich, dass das, was du über die Hüterin gesagt hast, stimmt. Was du da vorhast, ist das einzig Vernünftige, was ich in den letzten Tagen gehört habe. Es lässt mich wieder hoffen, aber ich glaube nicht, dass du es allein schaffen kannst." Sie holte tief Luft. „Ich komme mit! Ich helfe dir, die neue Hüterin zu pflanzen."

Pip traute seinen Ohren nicht. „Ist das dein Ernst?"

Die Dächsin nickte. „Am besten ziehen wir gleich los, bevor deine Eichhörnchenfreunde mit Verstärkung zurückkommen. Und bevor meine Sippe spitzkriegt, dass die Eichel nicht mehr da ist."

„Macht es dir denn gar nichts aus, deine Sippe zu verlassen?"

„Nicht, wenn es dem Wald hilft."

Dagegen konnte Pip nichts sagen. „Na dann, auf geht's!"

Sie trabten los und hatten die Buche bald hinter sich gelassen. Etwas außer Puste verriet ihm die Dächsin ihren Namen. Sie hieß Melly – und Pip war auf einmal überglücklich, dass er dieses Abenteuer nicht allein bestehen musste.

Dann kam ihm noch ein anderer Gedanke.

„Ich kenne da jemanden, der uns sicher gern begleitet. Komm mal mit."

Während sie leise durchs Unterholz schlüpften, behielt Pip die Baumkronen im Auge. Schließlich witterte er einen bekannten Geruch. Kora! Tatsächlich kam die schwarze Krähe angeflogen und landete vor ihnen. Dann brach sie in heiseres Gelächter aus.

„Was für ein Anblick!", rief sie belustigt. „Ein Eichhörnchen und ein Dachs, die zusammen unterwegs sind! Und du hast die kostbare Eichel tatsächlich gefunden, Pip?"

„Das verdanke ich nur dir. Dein Tipp war genau richtig."

„Was hast du denn jetzt damit vor?" Kora hüpfte von einem Fuß auf den anderen.

„Melly und ich bringen die Eichel aus dem Wald fort und pflanzen sie woanders ein", sprudelte Pip los. „Ich dachte … ich dachte, du möchtest vielleicht mitkommen. Aber ich muss dich warnen. Es ist nicht ungefährlich. Wahrscheinlich sind die Hälfte aller Tiere des Baumvolks und des Dunklen Volks schon hinter uns her."

Kora plusterte sich auf. „Was wäre das Leben ohne ein bisschen Nervenkitzel? Ich bin dabei!"

Pip nahm die Eichel wieder zwischen die Zähne und sie liefen weiter. Ab und zu flog Kora ein Stück voraus und vergewisserte sich, dass die Luft rein war, allerdings konnte sie mit ihrem verletzten Flügel noch keine längeren Strecken bewältigen. Je näher sie dem Waldrand kamen, desto weniger vertraut waren ihnen die Bäume und Büsche.

Inzwischen nieselte es nur noch ganz leicht, sodass sich ein feiner Dunst auf Pips Fell legte. Durch das Laubdach über ihnen drang sogar schwaches Sonnenlicht, aber Pip wurde auf einmal traurig.

Vielleicht kann ich ja zurückkommen und Mux nachholen, sagte er sich. Wenn ich die Eichel eingepflanzt habe …

Es kam ihnen sehr lange vor, bis sich der Wald endlich lichtete und eine grasbewachsene Ebene vor ihnen lag, die sich bis zum Horizont erstreckte und kein Ende zu nehmen schien.

„Was war das?", fragte Kora plötzlich.

Pip blieb mit gespitzten Ohren stehen. Dann drehte er sich um – und erblickte Scharfzahn! Das ältere Männchen sprang von einem Baumstumpf, stürmte auf Pip los und rannte ihn um. Beinahe wäre ihm die Eichel entglitten, und als ihm sein Gegner die Zähne in den Hinterlauf grub, schrie er auf.

Schnaufend vor Anstrengung, schleifte der

muskulöse Leibwächter Pip über den holprigen
Waldboden und hielt auf einen Baum zu. Dann
zerrte er sein Opfer kopfüber den Stamm hoch.
Pip dachte nur noch: Wenn er mich jetzt fallen
lässt, bin ich tot!

„Pip!", schrie Melly. Kora und sie schauten
entsetzt zu ihm hoch.

Helft mir!, flehte er stumm.

Die beiden waren schon so weit weg, dass
sie ganz klein aussahen, und wie sollten eine
flügellahme Krähe und ein Dachs Scharfzahn
auch aufhalten?

Er will mich umbringen!, dachte Pip. Nein,
schlimmer noch: Er will mir die Eichel
wegnehmen!

Gleich würde Pip sterben.

Alles war umsonst gewesen.

12. Kapitel
Echte Freunde

Pip wurde mit einem so heftigen Ruck auf einen
Ast gezerrt, dass er unwillkürlich die Eichel fallen
ließ. Er kam auf dem Bauch zu liegen und wand
sich zappelnd, versuchte, sein schmerzendes Bein
aus den Zähnen des Gegners zu befreien.
Schließlich gab Scharfzahn sein Bein frei, drückte
ihn aber mit den Vorderpfoten auf den Ast. Dann
beugte er sich so dicht über ihn, dass Pip vom
Geruch seiner Wut ganz schwindlig wurde.
„Dein Vater ist mir damals entwischt", knurrte

Scharfzahn, „aber noch mal passiert mir das
nicht!"

Pip stockte das Herz. „Wie meinst du das? Wieso
ist er dir entwischt?"

„Ich hätte dem dreckigen Verräter gleich
die Kehle durchbeißen sollen!" Das ältere
Eichhörnchen war heiser vor Zorn. „Aber er …"

Krah!, ertönte es da und schwarze Flügel
peitschten die Blätter über Pips Kopf.

Das war Kora! Die Krähe griff Scharfzahn an.

„Hau ab, blödes Vogelvieh!" Der Leibwächter
schlug mit dem Schwanz nach ihr und bohrte
gleichzeitig die Krallen in Pips Rücken.

Kora krächzte schallend und hackte nach ihm.
Knurrend ließ Scharfzahn von Pip ab und stellte
sich auf die Hinterbeine.

„Ein hirnloser Vogel mit einem verletzten Flügel
ist für mich ein Klacks!", fauchte er.

Als Kora wieder auf ihn losflog, schlug er mit
beiden Pfoten nach ihrem verletzten Flügel. Kora
kreischte laut und machte kehrt.

Scharfzahn wandte sich wieder Pip zu. „Ich bin noch nicht fertig mit dir."

Obwohl Pips Hinterlauf blutete und scheußlich wehtat, ergriff er die Flucht durch die Baumkrone. Er rannte um sein Leben, doch als er den Kopf wandte, sah er, dass Scharfzahn dabei war, ihn einzuholen.

„Es wird dir noch leidtun, wenn ich dich wieder eingefangen habe!", zischte sein Gegner.

Pip sprang auf einen schlanken, langen Ast weiter unten im Baum und lief so schnell darauf entlang, wie ihn seine Pfoten trugen. Doch als er nach dem nächsten Baum Ausschau hielt, verließ ihn der Mut. Der Abstand war riesig – er hätte noch weiter springen müssen als bei seinem wagemutigen Satz auf die weise Eiche.

Wieder warf er einen Blick über die Schulter. Scharfzahn war ihm schon ganz nah.

Pip hatte keine Wahl.

Obwohl ihm vor Angst übel war, nahm er Anlauf. Die Blätter sausten verschwommen an ihm

vorbei, sein Atem ging keuchend … dann stieß
er sich ab. In der Luft bog er den Rücken durch
und streckte den Schwanz und alle vier Pfoten
von sich.

Einen Augenblick lang fühlte er sich schwerelos,
doch obwohl der kräftige Ast, der sein Ziel war,
immer näher kam, zog es ihn schon wieder nach
unten. Er fiel.

Hilfe!

Pip spannte sämtliche Muskeln an und erspähte
einen anderen, dünneren Ast.

Der trägt mich bestimmt nicht, dachte er.

Aber egal!

Wider Erwarten bekam er den Ast zu fassen.

Geschafft!

Der Ast schwankte so heftig unter seinem
Gewicht, dass ihm schlecht wurde, aber er
hielt sich verbissen daran fest und es gelang
ihm, die Hinterläufe nachzuziehen und sich
hochzuhieven.

Erst dann wagte er es, sich umzudrehen.

Scharfzahn stürmte mit wutverzerrtem Gesicht den Ast entlang, von dem sich Pip eben abgestoßen hatte, aber er hatte keinen guten Halt und kam ins Schwanken.

Gleich stürzt er ab und bricht sich das Genick!, dachte Pip noch. Da sauste Scharfzahn auch schon durch die Luft.

Als die Schwerkraft einsetzte, strampelte Scharfzahn hektisch mit den Pfoten und auf seinem Gesicht malte sich erst Schrecken und dann Todesangst.

Pip konnte nicht mehr hinsehen und kniff die Augen zu. Er hörte es knacken, dann folgte ein Aufprall.

Benommen hielt Pip sich fest. Das Herz dröhnte ihm in den Ohren, wurde aber von Flügelschlägen übertönt.

„Pip!", krächzte Kora.

Als er die Augen wieder aufmachte, saß die Krähe neben ihm.

„Es … es ging ganz schnell", sagte sie und deutete

mit dem Schnabel nach unten. „Er wird dir nie mehr etwas tun."

„Danke!" Pip merkte auf einmal, dass er schrecklich zitterte. Dann fiel ihm etwas ein. „Die Eichel! Wo ist die Eichel?"

„Immer mit der Ruhe", rief Melly zu ihm hoch. „Ich hab sie. Sie ist in einen Brombeerbusch geplumpst, aber ich habe sie rausgeholt."

Pip fiel ein Stein vom Herzen. Er sah Kora an. Schon wieder hatte ihn ein Vogel gerettet. Auf einmal war er ganz sicher, dass es richtig gewesen war, Rosta nicht zu trauen. Weil sie alle drei zusammengehalten hatten, war die Eichel jetzt erst einmal in Sicherheit.

Als das Zittern endlich aufhörte, verließ Pip den Baum und gesellte sich zu Melly auf den Waldboden.

Kora kam leicht schief angeflogen und landete neben ihnen, dann setzten die drei ihren Weg fort und hatten die Ebene bald erreicht. Die Sonne schien immer noch hell. Pip war

unbehaglich zumute, weil sie nichts vor fremden Blicken schützte, und er drehte sich immer wieder um.

Weiße Wolkenfetzen zogen über den blauen Himmel, und jedes Mal, wenn ein Schatten auf ihn fiel oder ein Windstoß ihn streifte, kribbelte es ihn am ganzen Körper.

Kora dagegen hüpfte munter voran und auch Melly trottete unverdrossen hinter ihnen her.

Wieder war Pip unendlich froh, dass er nicht allein war.

Hier auf der Ebene gab es noch Stellen, wo das Gras grün war.

An einer Pfütze stillte er seinen Durst mit köstlich kühlem Regenwasser, dann wusch er sich den Dachskot ab.

Sie kamen zwar an mehreren Maulwurfshaufen und Kaninchenhöhlen vorbei, aber kein Tier hielt sie auf.

Nach einer Weile wurde die Ebene abschüssig und ein brauner, von Bäumen gesäumter Pfad

führte bergab. An seinem Ende erstreckte sich eine fremdartige Landschaft. Sie bestand aus großen, kantigen, rotbraunen Erhebungen, die durch breite graue Streifen und saftig grüne Grasflächen voneinander getrennt waren.

Alle drei hielten an und nahmen den Anblick in sich auf.

„Dort ist das Revier des Menschenvolks", verkündete Kora.

Das Gebiet war viel, viel größer als der Menschenbau im Wald und nicht annähernd so bunt.

Dann entdeckte Pip in einem Baum etwas Weißes und erkannte das herzförmige Gesicht und die großen gelben Augen einer Eule. Die Sonne ließ ihr Gefieder aufleuchten.

Die weiße Eule erwiderte Pips Blick. Sie blinzelte einmal kurz, dann breitete sie die Schwingen aus und glitt lautlos in Richtung Menschenreich, wo sie in der blendenden Sonne verschwand.

Pip schaute ihr nach. Dort müssen wir hin!, dachte er.

Er richtete sich hoch auf und holte tief Luft.
Dann lief er bergab und führte seine Freunde ins
Unbekannte.

Bestimmt finden wir einen Ort, wo die neue
Hüterin wachsen und gedeihen kann, redete er
sich selbst gut zu und hielt den Eichelstiel fest
in den Zähnen. Irgendwie wird es uns gelingen,
die Seele unseres Waldes am Leben zu halten.
Als er sich wieder zu seinen beiden Gefährten
umdrehte, war ihm deutlich leichter ums Herz
als seit Langem.

Er tat das, was ihm sein Vater aufgetragen hatte:
Er stellte die Treue zur weisen Eiche über alles
andere. In seinen Pfoten lag nicht nur die
Zukunft des Baumes, sondern auch die Zukunft
des ganzen Waldes.

Ich werde alles dafür geben, dass der Eichel
nichts zustößt, schwor er sich. Und einiges hatten
sie ja auch schon geschafft.

Und jetzt, mit zwei Freunden an seiner Seite,
würde er auf keinen Fall aufgeben.

Pips Wissen
für Eichhörnchenfreunde

Unser Gehirn ist nur so groß wie eine Walnuss?
Na und! Mit uns Eichhörnchen soll es erst mal
jemand aufnehmen.

Wir legen im Jahr weit über tausend Futter-
vorräte an – und gut sechzig Prozent davon
finden wir dann auch wieder. Echt leckere Sachen
wie Bucheckern, Haselnüsse und Eicheln. Sonst
verspeisen wir auch gern Rinde, Beeren und hier
und da mal ein Ei.

Im Wald stehen meist Baumsamen von Tannen,
Fichten und Lärchen auf unserem Speiseplan. Um
satt zu werden, leeren wir davon zwanzig bis
dreißig Stück am Tag. Unsere unteren Zähne sind

beweglich, damit können
wir wie mit einer Pinzette
Walnüsse aufspalten.
Unser Geruchssinn ist spitze,
aber wir sind auch sagenhaft
im Rennen und auf
kurzen Strecken bis zu
fünfundzwanzig
Stundenkilometer schnell.
Unser buschiger Schwanz wird an die
fünfundzwanzig Zentimeter lang und dient
uns als Steuerruder und zum Halten des

Gleichgewichts.
Geboren werden wir
Eichhörnchen nicht in
Nestern, sondern in
Kobeln. Anfangs sind wir
nackt, blind und taub –
aber schon nach drei
Monaten sausen wir
durch die Baumwipfel.

Uns gibt es übrigens in zahlreichen Rot-,
Schwarz-, Braun und Grauschattierungen, wobei
wir uns vom Grauhörnchen
unterscheiden, das im Winter
keine Puschel auf den Ohren
hat und deutlich kräftiger
gebaut ist.

In Deutschland gibt es noch
keine Grauhörnchen, aber in
England sorgen sie mit einem
Pockenvirus dafür, dass wir
Eichhörnchen immer weniger
werden. Das Virus schadet ihnen selbst nicht,
aber leider uns.

Doch nicht nur Grauhörnchen stellen für uns eine
Gefahr dar, auch andere Tiere wie Marder und
Krähen. Ja, die Freundschaft mit Kora ist eine
echte Ausnahme, denn gerade die Kleinsten von
uns sollten sich vor den schwarzen Vögeln schwer
in Acht nehmen.

Und eigentlich sind wir Eichhörnchen auch eher

Einzelgänger, kuscheln uns nur in kalten Wintern mal zusammen in einen Kobel. Und dafür habe ich ja jetzt zum Glück Kora und Melly!

Rebecca Reed

Pip und seine wilden Freunde
in der Stadt

Band 2

Mit Illustrationen
von Nina Dulleck

Die drei Freunde liefen hinter dem Kater her.
An einer kränklichen Eberesche machte Claudius
halt.

„Hier geht es zur Hauptstraße", verkündete er.
„Die Menschen verbringen viel Zeit damit, in
den Geschäften dort Nahrung zu sammeln."

„Geschäfte ...", wiederholte Melly. „Sind das
Futterverstecke?"

„Nicht ganz", entgegnete Claudius. „Geschäfte
sind Gebäude, aber sie sind anders als
die Wohnhäuser, in denen Menschen und
Drinnentiere wie ich leben. In ein Geschäft

geht man nur ab und zu und beschafft sich Vorräte."

Pip schaute sich um. Tatsächlich wimmelte es hier nur so von Menschen, alten und jungen. Sie hasteten hin und her und machten einen fürchterlichen Lärm. Ihre Rufe waren sogar noch lauter und vielfältiger als Vogelrufe in der Abenddämmerung! Manche sausten auch auf seltsamen Gebilden vorbei, die große, dünne Räder hatten.

Kora stieß einen heiseren Pfiff aus. „Was machen die da?", wandte sie sich an Claudius.

„Sie fahren Fahrrad." Der Kater schien sich darüber zu freuen, dass er sie aufklären konnte. „Von allein können sich Menschen nur so langsam fortbewegen, dass sie Hilfsmittel benutzen müssen."

Pip staunte nicht schlecht. Aber nicht bloß über die Fahrräder – manche Menschen waren auch *in* den Autos, wie er jetzt sah. Hatten die Autos sie gefressen? Doch die Menschen darin schienen weder Angst noch Schmerzen zu haben. Dann ging ihm ein Licht auf.

„Die Autos sind gar nicht lebendig!", rief er aus. „Es sind auch nur Hilfsmittel, so wie die Fahrräder!"

„Richtig", bestätigte Claudius. „Autos und Fahrräder sind Sachen und davon haben die Menschen eine ganze Menge. Zum Beispiel die bunten Pelze, die sie sich überwerfen." Er zeigte auf ein Menschenjunges, das in etwas leuchtend Rotes gehüllt war. „Das ist nämlich nicht ihr echtes Fell, sondern sogenannte Kleidung. Die Menschen ziehen sie nach Belieben an und aus. Ich persönlich halte gar nichts von Kleidung. Meine Menschin hat mal versucht, mich in so etwas hineinzuzwängen. Grässlich!" Der Kater schüttelte sich. „Dabei fällt mir ein, ich muss langsam umkehren. Bestimmt ruft sie schon nach mir." Claudius deutete auf einen Streifen mit vertrocknetem Gras, der auf beiden Seiten von hohen Sträuchern gesäumt war.

„Ihr müsst die Straße überqueren. Am Ende der Hecken auf der anderen Seite liegt der Park. Dort steht die Hüterin."

„Vielen Dank", sagte Pip. Ihm schwirrte der Kopf von den vielen neuen Wörtern, die Claudius verwendet hatte: Kleidung, Gebäude, Straße, Hecken, Park … Er wollte sie sich einprägen, denn vielleicht waren sie ja irgendwann mal nützlich.

Hinter den Geschäften ging schon die Sonne unter, die Schatten wurden länger. Die Menschen eilten immer noch in die Gebäude hinein und wieder heraus. Viele von ihnen trugen Essbares in den Pfoten. Pip knurrte der Magen, aber die Suche nach der Hüterin ging vor.

Die drei Freunde wichen den Menschen aus, so gut sie konnten, und warteten eine Lücke zwischen den Autos ab. Zum Glück waren die Autos hier langsamer und auch die Abstände zwischen ihnen waren größer.

Pip gab Melly und Kora ein Zeichen. Sie sausten

über den harten grauen Untergrund und schlüpften unter eine der Hecken, auf die Claudius gezeigt hatte. Dort, wo die Hecke endete, gab es andere Büsche und hohe Pflanzen, die Sichtschutz boten.

Pip lugte zwischen ein paar Löwenzahnstängeln hindurch. Seine Nase zuckte, seine Ohren drehten sich bei jedem Geräusch wachsam hin und her.